fiches de
droit des contrats

Rappels de cours et exercices corrigés

2e édition

Christophe QUÉZEL-AMBRUNAZ
Maître de conférences à l'université Savoie Mont Blanc

ellipses

Retrouvez tous les titres de la collection « Fiches »
sur http://www.editions-ellipses.fr

ISBN 9782340-020436

32, rue Bargue 75740 Paris cedex 15

www.editions-ellipses.fr

Table des matières

Troisième partie
L'exécution du contrat

Quatrième partie
Les remèdes à l'inexécution du contrat

Cinquième partie
La fin du lien contractuel

Fiche n° 1
Notions préliminaires

I. L'obligation
II. L'acte juridique

Définitions

Créance : face active de l'obligation ; ce que le créancier peut exiger du débiteur en vertu d'un droit personnel.
Dette : face passive de l'obligation ; ce que le débiteur doit au créancier.

L'objet de cet ouvrage est le droit du contrat (ou des contrats). Plus précisément, il traite du **droit commun du contrat**, c'est-à-dire des règles communes à l'ensemble des contrats. Cela, par opposition au droit des **contrats spéciaux**, qui expose les règles propres à certains types de contrats (la vente, le louage... ; voir sur ce point les *Fiches de droit des contrats spéciaux*). Ainsi, lorsqu'un contractant veut connaître les règles auxquelles il est soumis, il convient qu'il étudie les **stipulations** du contrat qu'il a conclu (que l'on appelle **contrat particulier**), les dispositions concernant le contrat spécial dont il est question (par exemple, celles sur la vente), et les dispositions qui s'appliquent à tous les contrats, ces dernières étant l'objet de cet ouvrage.

Attention

L'on parle des **stipulations** d'un contrat (du latin *stipulatio,* parole prononcée par chaque contractant en droit romain), et des **dispositions** de la loi, du Code civil, etc. Ces deux termes ne doivent pas être pris l'un pour l'autre.

En outre, cet ouvrage est un ouvrage de **droit civil**, c'est-à-dire qu'il aborde les relations contractuelles de personnes envisagées sans qualités particulières (telles que les qualités d'employeur, de commerçant, de consommateur...). Le nombre de contrats civils qui sont conclus est relativement restreint : bien plus nombreux sont par exemple les **contrats commerciaux** (conclus entre commerçants) ou les **contrats de consommation** (entre un professionnel et un consommateur).

Néanmoins, la connaissance du droit civil du contrat est primordiale : il s'agit du **droit commun** des contrats. En d'autres termes, les règles du droit civil seront appliquées chaque fois que l'autre branche du droit considérée ne connaît pas de dispositions propres ; elles servent également de modèle. Bien souvent, tant la loi que la jurisprudence de ces branches du droit se réfèrent expressément aux règles du droit commun des contrats, le droit civil.

Illustration

Article L. 1221-1 du Code du travail : « Le contrat de travail est soumis aux règles du droit commun. »

La définition du contrat ne peut se faire qu'après l'étude succincte de deux notions préliminaires, en ce qu'elle met en œuvre les notions d'obligation (I) et d'actes juridiques (II).

I. La notion d'obligation

En droit civil, le mot **obligation** n'a pas l'acception qui lui est connue dans son sens général, voire dans d'autres branches du droit. Payer ses impôts, laisser la priorité à droite dans un carrefour ou porter assistance à une personne en péril, bien qu'étant des comportements obligatoires, ne sont pas des obligations au **sens civil du terme**.

La notion d'obligation remonte au droit romain, à tout le moins. Les Institutes de Justinien la décrivent comme un lien de droit : « *obligatio est iuris vinculum, quo necessitate adstringimur alicuius solvendae rei, secundum nostrae civitatis iura* » (l'obligation est un lien de droit, qui nous contraint à payer quelque chose à quelqu'un, selon le droit de notre cité). Chaque élément de cette définition reste parfaitement vrai aujourd'hui : l'obligation civile est un **lien personnel** (A), elle n'est qualifiée ainsi que parce qu'elle est **sanctionnée** par le droit civil (B).

A. L'obligation, lien personnel

Selon la définition de l'article 1101 du Code civil, « Le contrat est un accord de volontés entre deux ou plusieurs personnes destiné à créer, modifier, transmettre ou éteindre des obligations ». L'obligation naît donc du contrat ; elle consiste en un certain comportement : donner, faire, ne pas faire (ce triptyque est parfois contesté en doctrine).

L'obligation peut s'analyser en deux faces, l'une **active** et l'autre **passive** : la **créance** et la **dette**. Le débiteur de l'obligation connaît la dette au passif de son patrimoine, alors que le créancier de l'obligation voit la créance à l'actif de son patrimoine. Cette correspondance entre deux patrimoines est typique des droits personnels par opposition aux droits réels.

B. L'obligation, lien de droit

L'obligation civile se distingue de **l'obligation naturelle** : l'obligation civile naît des règles du droit civil, et est seule susceptible d'exécution forcée. L'obligation naturelle provient de considérations morales, le créancier ne peut en exiger le payement. Il peut également s'agir d'une obligation civile dégénérée, dont le payement ne peut plus être demandé en justice en raison de la **prescription** de l'action. Toutefois, l'obligation naturelle présente un intérêt, en ce que lorsqu'elle est payée, l'on ne peut demander de **répétition** (c'est-à-dire, de restitution, art. 1302 du Code civil) ; et que le simple fait de la reconnaître, ou de commencer à l'exécuter, la transforme en exécution civile.

Illustration : à partir de Cass. Civ. 1, 17 octobre 2012, n° 11-20124

Le client d'un garage automobile ne reçoit pas le véhicule commandé. L'on peut considérer que le gérant de la société, qui n'est pas lié par le contrat lui-même, a néanmoins, à titre personnel, une obligation naturelle d'indemniser le client insatisfait. Cela ne suffit pas au client pour demander l'exécution forcée de cette obligation ; en revanche, cela deviendra possible si le gérant se reconnaît débiteur.

L'usage en France est de commencer l'étude des obligations par celle de leurs **sources**. La création d'obligations par un **acte juridique** forme la matière du droit du contrat, leur naissance en raison d'un **fait juridique** concerne une autre matière, la responsabilité civile.

II. La notion d'acte juridique

Les **actes juridiques** se distinguent des **faits juridiques** en ce que pour ces premiers, les conséquences juridiques sont recherchées.

Les actes juridiques sont désormais définis à l'article 1100-1 du Code civil, qui dispose que « Les actes juridiques sont des manifestations de volonté destinées à produire des effets de droits. Ils sont conventionnels ou unilatéraux ».

Ce texte invite donc à distinguer, parmi les actes juridiques, les actes juridiques unilatéraux, et les actes juridiques conventionnels (aussi qualifiés de multilatéraux).

L'on pourrait ajouter la catégorie des actes juridiques collectifs. Les **actes juridiques unilatéraux**, sont ceux dans lesquels une seule personne manifeste sa volonté. Par exemple, l'on trouve la reconnaissance d'enfant, ou encore le testament. Les **actes juridiques conventionnels** sont ceux dans lesquels plusieurs personnes manifestent leur volonté concordante. Les **contrats** appartiennent à cette catégorie. Les **actes juridiques collectifs** sont ceux dans lesquels une collectivité s'engage : il s'agit, par exemple, de la résolution de l'assemblée générale d'une association ou de la décision d'un syndicat des copropriétaires.

Étudier le contrat, c'est donc en partie étudier les actes juridiques.

À retenir

- L'obligation est un lien de droit entre une personne, le débiteur, qui doit quelque chose à une autre, le créancier.
- L'acte juridique est une manifestation de volonté destinée à créer des effets de droit.

Pour aller plus loin

- C. Atias, « La constitution des actes juridiques », *D.* 2008, p. 743
- G. Forest, *Essai sur la notion d'obligation en droit privé*, th. Dalloz, 2012
- N.M.K. Gomaa, *Théorie des sources de l'obligation*, préface J. Carbonnier, th. LGDJ, 1968
- E. Jeuland, « L'énigme du lien de droit », *RTD Civ.* 2003, p. 455
- M. Nicod (dir.), *Métamorphoses de l'acte juridique*, LGDJ, 2011
- M. Planiol, « Classification des sources d'obligations », *Rev. crit. législ. et jurispr.* 1909, p. 224

POUR S'ENTRAÎNER : QCM

1) Le lien d'obligation est caractéristique d'un lien de droit :
   a. réel
   b. personnel
   c. commun
2) La connaissance du droit civil des contrats est utile pour l'apprentissage des règles du droit :
   a. du travail
   b. des affaires
   c. de la consommation

3) L'obligation naturelle n'est jamais susceptible d'exécution forcée.
   a. vrai
   b. faux
4) Les termes « acte juridique » et « contrat » sont respectivement dans une relation :
   a. de genre à espèce
   b. d'espèce à genre
   c. de synonymie
   d. d'antonymie

CORRIGÉ

1) b. ; 2) a, b et c ; 3) b. (elle l'est lorsqu'elle est transformée en obligation civile par la reconnaissance qu'en fait le débiteur) ; 4) a.

Fiche n° 2
La notion de contrat

I. Une double définition
II. Les notions voisines

Définitions

Convention : accord de volontés destiné à créer des effets juridiques ; acte juridique à plusieurs parties.

Instrumentum : support matériel d'un acte juridique.

Negotium : acte juridique envisagé indépendamment de son support.

Le sens commun tend à considérer que le contrat est un acte passé avec certaines solennités : un support écrit, une signature, diverses mentions, comme la date... Cette vision n'est pas fausse, mais excessivement parcellaire. En effet, certains contrats exigent effectivement le respect d'un certain **formalisme**, mais d'autres (peut-être pas les plus importants, mais en tout cas les plus nombreux) se concluent hors de tout formalisme.

Acheter un croissant, emprunter un livre à un ami, prendre un ticket de bus, ou un café au distributeur automatique, c'est contracter. Le droit met l'accent, pour définir le contrat, davantage sur l'acte abstrait, envisagé indépendamment de son support, c'est-à-dire le ***negotium***, que sur un éventuel support écrit, ***l'instrumentum***.

Approcher la notion de contrat, suppose de le définir (I), et de le distinguer des notions voisines (II).

I. Une double définition

Deux définitions sont données, reflétant deux aspects du contrat qui coexistent. Certains auteurs, insistant plus sur l'un ou l'autre de ces aspects, en déduisent des conséquences différentes sur le régime du contrat, plus précisément en cas **d'inexécution contractuelle** (cf. *infra* fiche n° 33). Le contrat apparaît tantôt comme une source d'obligations (A), tantôt comme une norme juridique (B).

A. Le contrat comme source d'obligations

L'article 1101 du Code civil dispose que : « Le contrat est un accord de volontés entre deux ou plusieurs personnes destiné à créer, modifier, transmettre ou éteindre des obligations ». Le contrat est donc défini par ses effets sur les obligations.

Attention

Avant la réforme, les conventions (c'est-à-dire, les accords de volontés) qui ne créaient pas d'obligations, mais qui se bornaient par exemple à les transmettre, ne devaient pas porter le nom de contrat. Cette distinction terminologique entre contrat et convention, peu respectée en pratique, a disparu du Code. Elle conserve un intérêt didactique.

Cette définition souligne l'importance de ce qui a été appelé le **contenu obligationnel** du contrat, le fait que le contrat, comme le délit, le quasi-délit, ou le quasi contrat, est un fait générateur d'obligations.

B. Le contrat comme norme juridique

L'article 1103 du Code civil dispose que : « *Les contrats légalement formés tiennent lieu de loi à ceux qui les ont faits* ». Si l'on prend au mot cette définition, l'on découvre une autre réalité : le contrat modifie le droit applicable aux parties. L'exigence de sa conclusion dans la légalité manifesterait son insertion dans la **hiérarchie des normes** attribuée à Kelsen. Est ici mise en relief la **force obligatoire** du contrat, **norme juridique** entre les parties. Dans un tel cadre, l'inexécution du contrat est avant tout la violation d'une règle de droit, et donc une source de responsabilité civile lorsqu'il a causé un dommage.

En tant que norme juridique, le contrat a également un **effet translatif de propriété**. L'article 1196 du Code civil dispose ainsi que « Dans les contrats ayant pour objet l'aliénation de la propriété ou la cession d'un autre droit, le transfert s'opère lors de la conclusion du contrat ». Cet aspect du contrat est étudié en droit des contrats spéciaux (cf. J. Le Bourg, *Fiches de droit des contrats spéciaux*, Éd. Ellipses, Fiche n° 4).

II. Le contrat et les notions voisines

A. Contrat et acte unilatéral

A priori, distinguer contrat et acte unilatéral est aisé. Le contrat suppose une manifestation de volonté de la part de plusieurs personnes (deux au moins) : c'est donc un **acte bilatéral** ou **multilatéral. L'acte unilatéral** suppose l'expression de la volonté **d'une seule personne**. Bien souvent, l'acte unilatéral n'a pas pour but de créer des obligations, alors même qu'il aurait un effet juridique : ainsi en va-t-il du testament, ou de la reconnaissance d'enfant.

Toutefois, la figure de **l'acte unilatéral créateur d'obligations** n'est pas inconnue de certains systèmes étrangers : ainsi, le droit allemand considère comme obligatoire la promesse de récompense. Le droit français tend de plus en plus à reconnaître que l'expression unilatérale de volonté puisse être créatrice d'obligations, notamment par le second alinéa de l'article 1100-1 du Code civil, issu de la réforme de 2016, qui dispose que les actes juridiques [y compris unilatéraux] « obéissent, en tant que de raison, pour leur validité et leurs effets, aux règles qui gouvernent les contrats ».

Illustration : Cass. A.P., 5 mars 2010, pourvois n° n° 08-42843 et 08-42844

Le salarié d'un syndicat de copropriété est licencié sans que la procédure prévue par le règlement de copropriété soit respectée ; il conteste son licenciement. La Cour de cassation approuve les juges du fond d'avoir estimé que, ce règlement emportant engagement unilatéral du syndicat des copropriétaires, le salarié pouvait s'en prévaloir. Autrement dit, l'engagement unilatéral du syndicat a créé une obligation (ici, de faire) dont il est débiteur.

La distinction est en réalité peu aisée, en raison de l'existence de **contrats unilatéraux** (cf. fiche n° 5), qui sont, comme tous contrats, des actes à tout le moins bilatéraux. Dans un tel contrat, un accord de volonté entre deux personnes au moins existe, mais des obligations ne naissent qu'à l'égard d'une seule. Le contrat de cautionnement, par exemple, est un contrat unilatéral. Sa conclusion suppose un accord entre le créancier et la caution, c'est donc un contrat. Toutefois, seule la caution est obligée, le contrat est unilatéral.

Certains actes sont qualifiables **d'unilatéraux collectifs,** et ne sont donc pas nécessairement des contrats : ainsi en est-il de la délibération ou du règlement d'une assemblée générale (association, société... ou syndicats de copropriétaires, comme dans l'illustration ci-dessus).

B. Contrat et accord de volontés non obligatoire

Les conventions, et donc les contrats, ont au sens de l'article 1103 du Code civil, une **force obligatoire**. Toutefois, à côté de ces conventions obligatoires, existent des accords de volonté qui n'ont rien d'obligatoire. Ainsi, l'invitation à dîner, ou la proposition de services d'amis ne lient pas juridiquement les parties en présence.

Illustration

R.-J. Pothier, *Traité des obligations*, 1768, n° 3 (orthographe d'époque respectée)

« Lorsqu'un pere promet à son fils, qui étudie en Droit, de lui donner de quoi faire dans les vacances un voyage de récréation, en cas qu'il emploie bien son temps ; il est évident que le pere, en faisant cette promesse, n'entend pas contracter envers son fils, un engagement proprement dit ».

Dans certains droits étrangers, et dans le **projet de cadre commun de référence**, qui poursuit le but d'une uniformisation du droit des contrats en Europe, la volonté d'être lié juridiquement est une condition de formation du contrat. L'article 1113 du Code civil, issu de la récente réforme du droit des contrats, précise que le contrat est formé si « les parties manifestent leur volonté de s'engager ».

Illustration

Draft Common Frame of Reference ; II. – 4:101: Requirements for the conclusion of a contract

A contract is concluded, without any further requirement, if the parties: (a) intend to enter into a binding legal relationship or bring about some other legal effect; and (b) reach a sufficient agreement.

Entre les **contrats** et les **accords de volontés non obligatoires**, existe une zone relativement floue dans laquelle prospèrent les engagements d'honneur, les accords de principe et autre *gentlemen's agreements*. Selon l'intention réelle des parties, les juges retiendront, ou non, l'existence d'un contrat ; ils peuvent aussi estimer que le comportement de l'un des protagonistes revêt les caractères d'une faute extracontractuelle.

À retenir

- Le contrat a un contenu obligatoire et un contenu obligationnel ; il s'agit donc à la fois d'une source d'obligations, et d'une norme juridique.
- Le contrat doit être distingué des actes unilatéraux, qui sont juridiquement obligatoires mais émanent de la volonté d'une seule personne, et des accords non obligatoires.

Pour aller plus loin

- P. Ancel, « Force obligatoire et contenu obligationnel du contrat », *RTD Civ.* 1999, p. 771
- N. Dissaux et C. Jamin, *Supplément au Code civil*, Dalloz 2017
- Ph. Jacques, « Note sous Cour de cassation », AP, 6 octobre 2006, *RLDA* 2006, n° 11, p. 70
- M. Mekki, « La cessation de l'illicite comme remède à l'inexécution du contrat », *JCP E&A*, n° 26, 28 juin 2007, 1823
- M. Mekki, « Les principes généraux du droit des contrats au sein du projet d'ordonnance portant sur la réforme du droit des obligations », *D.* 2015. Chron. 816
- N. Molfessis, « Force obligatoire et exécution : un droit à l'exécution en nature ? », *RDC* 2005, p. 37
- F.-L. Simon, « La spécificité du contrat unilatéral », *RTD Civ.* 2006 p. 209
- [Collectif], *La réforme du droit des contrats : du projet à l'ordonnance*, Assoc. Henri Capitant, Dalloz 2016
- G. Pignarre [dir.], *Le droit des obligations d'un siècle à l'autre, Dialogues autour de la réforme du titre III du Livre III du Code civil*, Institut Universitaire Varenne, 2016

POUR S'ENTRAÎNER : QUESTION DE COURS

Dans quelle mesure la promesse de rendre service à un ami peut-elle être sanctionnée par le droit ?

CORRIGÉ

La promesse de rendre un service d'ami est en principe distincte d'un contrat, en ce que celui qui promet n'entend pas supporter une obligation juridique. L'accord de volontés étant hors du champ du droit, ce n'est pas un contrat ; il ne peut être sanctionné comme tel.

Toutefois, les juges devront apprécier selon les faits de l'espèce si l'on ne peut pas voir dans une telle promesse un engagement unilatéral dont pourraient découler des obligations. De même, suivant le comportement du promettant qui ne remplit pas ses engagements (par exemple, il se désiste tardivement et avec légèreté), ils pourraient estimer qu'il y a une faute, sanctionnée par la responsabilité civile extracontractuelle.

Enfin, toujours suivant les faits de l'espèce (en constatant que la morale exigeait qu'un tel service fût rendu), il pourrait être argumenté qu'existait, avant la déclaration de volonté, une obligation naturelle, et que le fait de la reconnaître l'a transformée en obligation civile – juridiquement obligatoire.

Fiche n° 3
Les sources du droit des contrats

Définition

Droit uniforme : (dans ce contexte) texte ou norme s'appliquant à l'identique dans plusieurs systèmes de droit différents.

L'étude des sources du droit des contrats permet de comprendre non seulement son origine, mais surtout, les dynamiques propres qui l'animent. Aux sources internes traditionnelles (I), se superposent désormais des sources internationales (II).

I. Les sources internes

A. Le Code civil

L'essentiel des dispositions relatives au droit civil du contrat se trouve dans le **Code civil**, aux articles 1100 et suivants de ce code. Cet édifice législatif n'a que très peu changé entre **1804** et la réforme de grande ampleur de 2016, soit pendant plus de deux siècles. Plus encore, nombre de ces dispositions sont directement inspirées des écrits de **Pothier** (un juriste du 18e siècle) notamment, et traduisent des règles datant de l'ancien droit voire du **droit romain**. Cela ne signifie pas que le droit des contrats est une matière figée. Bien au contraire ! Le législateur contemporain, comme la jurisprudence, lui ont insufflé régulièrement du modernisme.

Le législateur contemporain a réformé, souvent par petites touches, le Code civil.

Illustration : Loi du 21 juin 2004 pour la confiance dans l'économie numérique.

Cette loi a créé l'article 1108-1 du Code civil pour donner, en principe, la même valeur aux contrats établis et conservés sous forme électronique qu'à ceux qui le sont sur « papier ».

Une **ordonnance du 10 février 2016, en vigueur le 1er octobre 2016,** a profondément remodelé la matière. Certains articles ont disparu, d'autres ont été créés ; certains ont été modifiés, alors que d'autres n'ont fait que changer de numéro. C'est donc un droit rénové que les étudiants abordent aujourd'hui. Cette recodification du droit des contrats a parfois innové, parfois repris des solutions jurisprudentielles acquises. Les dispositions du Code sont désormais plus aisément compréhensibles ; les comparaisons avec les autres pays sont plus aisées ; l'analyse économique du droit a permis quelques infléchissements des règles antérieures.

L'entrée en vigueur de l'ordonnance s'accompagne de quelques **dispositions transitoires**. Les contrats conclus à partir du 1er octobre 2016 sont soumis aux règles nouvelles ; les contrats conclus avant cette date restent régis par les anciens textes. Toutefois, les « actions interrogatoires » des articles 1123, 1158 et 1183 (voir fiches 8 et 24) sont possibles même pour les conventions conclues antérieurement. Bien entendu, lorsque les textes nouveaux se bornent à une **codification** de solutions anciennes de la jurisprudence, la question de l'application de la loi dans le temps est assez indifférente.

Des innovations législatives sont également observées dans **d'autres branches** du droit des contrats (droit de la consommation, droit des affaires), ou à propos des **contrats spéciaux** (dans ou hors le Code civil : art. 1831-1 du Code civil, contrat de promotion immobilière ; art. L231-1 du Code de la construction et de l'habitation, contrat de construction d'une maison individuelle). Ces règles spéciales ne devraient, normalement, pas avoir d'effets sur la théorie générale du droit des contrats. Elles le font pourtant, notamment en ancrant dans les esprits la nécessité de protéger la **partie faible**.

B. La jurisprudence

La **jurisprudence** est la deuxième source prépondérante du droit des contrats. L'une des lignes de force de l'évolution jurisprudentielle a été de permettre une intervention toujours plus large du juge dans le contrat. La protection de la partie faible y a assurément gagné. Ainsi, le juge n'hésite pas à découvrir dans le contrat des obligations sur lesquelles les parties ne se sont vraisemblablement pas accordées, comme les obligations d'information ou de sécurité (cf. fiche n° 27).

En outre, la jurisprudence a consacré un certain nombre de **théories doctrinales**, telles que la distinction entre les obligations de moyens et de résultats (cf. fiche n° 27).

C. La doctrine

La **doctrine** ne doit pas être écartée des sources du droit en la matière. Cela est vrai tant pour la doctrine ancienne qui a forgé les règles du Code civil, que pour la doctrine moderne qui maintient la cohérence de la théorie générale du contrat, et qui a été une source importante d'inspiration de la réforme de 2016. De pures constructions doctrinales passent – à tort certainement – pour les règles aussi solides que les dispositions du code.

La doctrine la plus récente s'est mise à penser une **réforme du droit des obligations**, et les projets doctrinaux en la matière ont été largement utilisés par le législateur. De manière plus ambitieuse encore, des projets existent pour uniformiser le droit des contrats à l'échelle européenne.

D. La pratique

Enfin, la **pratique** joue un rôle important, que ce soit par la répétition de **clauses d'usages** ou par la rédaction de véritables **modèles de contrats**. En particulier, la pratique notariale se montre créative.

Par contre, certaines habitudes prises en pratique, comme celle de la mention « lu et approuvé », n'ont aucune portée juridique.

II. Les sources internationales et le droit de l'Union européenne

A. Le droit de l'Union européenne

Le législateur communautaire n'a jamais traité de la **théorie générale** du contrat, certainement en raison de la trop grande diversité des conceptions en la matière dans l'Union européenne. Par contre, il a adopté de multiples règles en matière de contrats de consommation notamment.

Néanmoins, différents groupes de travail ont élaboré ou élaborent des **projets** qui ont pour but soit de consolider **l'acquis communautaire** en matière contractuelle (et alors, de règles éparses, une théorie générale semble naître), soit pour **uniformiser** le droit des obligations.

En outre, le 11 octobre 2011, la Commission européenne a émis une proposition de règlement relatif à un droit commun européen de la vente, qui va certainement bien au-delà de cet objet restreint, pour concerner de larges parts de la théorie générale du contrat. Elle a aussi présenté, le 9 décembre 2015, une proposition de directive concernant certains aspects des contrats de fourniture de contenu numérique. Ces projets n'ont pas à ce jour de suite concrète, mais stimulent la réflexion autour de l'harmonisation européenne du droit des contrats.

L'influence du droit de l'Union européenne sur la théorie générale du contrat ne s'est encore guère manifestée, mais pourrait être potentiellement forte dans les prochaines années.

B. Les sources internationales

La **Convention européenne de sauvegarde des droits de l'homme et des libertés fondamentales** (CSDH), dont l'autorité est supérieure à celle des lois, influence le droit interne des contrats. Cette influence se distille soit lorsque le juge interne vise directement cette Convention, soit lorsque la France se trouve condamnée par la Cour européenne des droits de l'homme (CEDH). La protection de la vie privée, ou celle de la propriété, par exemple, ont été examinées dans les contrats en contemplation de la CSDH.

En outre, des **conventions internationales** portent **droit uniforme** pour certains contrats internationaux, tels que la vente (Convention de Vienne sur la Vente Internationale de Marchandises). En outre, le commerce international peut suivre des règles non écrites, la *Lex mercatoria*, ou les principes élaborés par l'Institut international pour l'unification du droit privé, UNIDROIT. Ces textes ne concernent que les contrats internationaux, non le droit français des contrats. Néanmoins, les règles et concepts qu'ils contiennent tendent à irradier le droit français, par le biais de la pratique essentiellement.

À retenir

- Les sources du droit des contrats sont nombreuses et diverses, nationales et internationales.
- L'influence de plusieurs de ces sources est difficile à quantifier : elles agissent plus au niveau des idées que du droit positif.
- Une réforme importante de la matière a eu lieu en 2016.

Pour aller plus loin

- P. Catala (dir.), *Avant-projet de réforme du droit des obligations et de la prescription*, La documentation française, 2006
- C. Kessedjian, « Un exercice de rénovation des sources du droit des contrats du commerce international », *Rev. crit. DIP* 1995, p. 641
- E. Nicolas, « Le modèle-type de contrat, du contrat potentiel à la source de norme », *RRJ* 2012, p. 1257
- F. Terré (dir.), *Pour une réforme du droit des contrats*, Dalloz, 2008
- V. Forray, « Le droit européen de la consommation et la critique de la théorie générale du contrat », in *Les défis de l'harmonisation européenne du droit des contrats*, Univ. Savoie, 2012
- V. Rivollier, *La doctrine et la (re)construction d'un droit privé européen*, Institut universitaire Varenne, diffusion LGDJ-Lextenso, 2016, préface P. Ancel

POUR S'ENTRAÎNER : QCM

1) L'ensemble du droit des contrats est contenu dans le Code civil.
   a) vrai
   b) faux
2) Des contractants français peuvent choisir, pour des relations purement internes, d'appliquer la *Lex mercatoria*.
   a) vrai
   b) faux
3) Un contrat qui ne porte pas la mention « lu et approuvé » n'a aucune valeur juridique.
   a) vrai
   b) faux
4) Le droit des contrats a peu changé depuis l'adoption du Code civil en 1804.
   a) vrai
   b) faux

CORRIGÉ

1) faux : certaines normes sont dans d'autres codes, voire dans des textes non codifiés.
2) faux : la *Lex mercatoria* ne s'applique qu'aux contrats du commerce international.
3) faux : c'est un exemple d'habitude prise en pratique qui n'a pas de véritable fondement juridique ; toutefois, dans certains contrats spéciaux, des mentions sont obligatoires.
4) faux : en 2016, une importante réforme a modifié des textes qui étaient, il est vrai, inchangés depuis 1804.

Fiche n° 4
Aperçu historique

Définitions

Formalisme : théorie subordonnant la formation du contrat au respect de certaines formes ou solennités (paroles, mentions obligatoires, gestes...).

Consensualisme : théorie reconnaissant la formation du contrat dans la rencontre des volontés (consentement) des parties.

La notion de contrat, pour ancienne qu'elle soit, a néanmoins été mise en œuvre de manière fort dissemblable selon les époques. Il convient de prendre garde à ne pas se laisser égarer par une réalité : certaines règles ou notions issues du droit ancien nous ont été transmises quasiment sans changement aucun ; pourtant, l'idée que les juristes anciens se faisaient du contrat est parfois très éloignée de la nôtre. En d'autres termes, l'on a parfois gardé la **lettre**, mais pas **l'esprit**.

Du point de vue du juriste français, le **Code civil** marque une rupture ; le droit des contrats y a été instrumentalisé au service d'idées politiques, parfois contradictoires, issues de la Révolution mais surtout de l'avènement de l'Empire. Néanmoins, le droit des contrats n'a pas été figé par la codification : il se montre en perpétuelle évolution, que ce soit avant (I) ou après la promulgation du Code (II).

I. Avant le Code civil

A. Le droit romain des contrats

Le droit romain avait, du moins à l'origine, une conception extrêmement **formaliste** du contrat. À chaque type de contrat correspondaient certaines **solennités**, certaines paroles, certains gestes, qui devaient être exactement accomplis par les cocontractants.

Illustration

Les contractants devaient échanger des objets devant témoins pour former le nexum, échanger des paroles dans les contrats formés *verbis*, comme la *stipulatio* ; remettre une chose pour former un contrat réel.

Ces solennités sont à l'opposé de la règle qui prévaut aujourd'hui, celle selon laquelle en principe le **consentement** suffit à s'engager.

Par ailleurs, le droit romain des contrats était un droit des **contrats spéciaux.** Seuls les contrats nommés, c'est-à-dire ceux qui disposaient d'une définition propre, avaient une **action**. En d'autres termes, seuls ceux-ci pouvaient être sanctionnés par un magistrat. L'on disait que d'un **pacte nu** (c'est-à-dire, d'un simple échange de consentement, en-dehors d'un contrat nommé) ne naît pas d'action.

Là encore, notre droit contemporain prend le contre-pied du droit romain. Ainsi, l'article 1107 du Code civil, dispose : « les contrats, soit qu'ils aient une dénomination propre, soit qu'ils n'en aient pas, sont soumis à des règles générales qui sont l'objet du présent titre ».

Attention

Présenter le droit romain comme un bloc monolithique est très réducteur. L'on parle d'un système de droit qui s'est formé par la Loi des XII tables, autour de –451, et dont la compilation dans le *Corpus iuris civilis* a eu lieu vers 530. En près d'un millénaire, les évolutions ont été considérables.

Ainsi, en droit romain tardif, les contrats ayant une réglementation propre se sont appelés contrats *stricti iuris*, les autres acquérant progressivement une sanction, de *bonae fidei*.

B. L'ancien droit

Pour les **canonistes**, c'est-à-dire les juristes versés dans le **droit de l'Église**, manquer à la parole donnée est un **péché.** Dès lors, chaque fois que la parole a été donnée, il faut la respecter. Ceci a permis le tournant qui a conduit à ce que notre droit consacre l'engagement par le seul échange des consentements et la force obligatoire de tous les contrats, qu'ils soient nommés, ou non.

Les auteurs de l'ancien droit ont été marqués par ces deux influences romaine et canonique, mais aussi par le progrès des considérations morales, d'équité, et par le développement de l'individualisme, sur le terreau des humanismes et de la philosophie des Lumières. C'est sur ce terrain qu'a été construit le Code civil.

II. Après le Code civil

Le Code civil consacre le **consensualisme** en reléguant le formalisme à quelques hypothèses particulières, et, nous l'avons vu, accepte la force obligatoire de toutes les conventions, **même innomées.**

Plus encore, le Code civil fait l'apologie de **l'autonomie de la volonté**, ce qui signifie que l'on ne saurait brider ou contraindre le libre arbitre de l'homme qui choisit de s'engager. Par contre, une fois la parole donnée, elle ne peut être reprise.

Illustration

Cet état de la doctrine est souvent résumé par la formule d'Alfred Fouillée, « qui dit contractuel dit juste » (*La science sociale contemporaine*, p. 410). En réalité, le chapitre conclu par cette formule traite de la « synthèse de la justice et de la fraternité », et l'expression n'a pour l'auteur pas le sens qu'on lui prête souvent.

Cette conception du contrat n'a pas résisté aux évolutions de la société contemporaine. D'une **tendance libérale**, qui postule que le libre jeu des accords entre individus amène à la meilleure des sociétés, le droit des contrats est passé à une **tendance plus sociale** réclamant toujours plus d'intervention, de protection des faibles et de régulation dans le jeu des conventions. Est désormais pris en compte, notamment par le législateur, le fait que les contrats sont structurellement **déséquilibrés**, entre une **partie forte** (le professionnel, l'employeur, le bailleur...) et une **partie faible** (le consommateur, le salarié, le locataire), et qu'il convient de protéger la partie faible.

En outre, le juge, par la promotion de concepts tels que la **bonne foi**, tente de faire progresser la justice contractuelle. Plus encore, la doctrine du **solidarisme contractuel** (non expressément reçue, mais qui a pu avoir une influence) postule que chaque contractant devrait agir, non dans son intérêt propre, mais dans l'intérêt commun des parties au contrat.

En d'autres termes, le contrat qui était fondé, à l'époque du Code civil, sur **l'autonomie de la volonté**, l'est désormais certainement beaucoup plus sur un certain **volontarisme social**. Le thème du déclin de la liberté contractuelle – traduisant une emprise toujours plus forte de la société sur le contenu des contrats – est classique dans la littérature anglo-américaine.

À retenir

- Le droit romain des contrats était, contrairement au nôtre, essentiellement un droit formaliste, et de contrats nommés.
- La conception libérale du contrat, qui était à l'esprit du codificateur napoléonien, s'est éclipsée pour laisser place à une conception désormais plus sociale de la matière.

Pour aller plus loin

- P.S. Atiyah, *The Rise and Fall of Freedom of Contract*, Oxford University Press, 1979
- A.-J. Arnaud, *Les origines doctrinales du Code civil français*, LGDJ 1969
- D. Deroussin, *Histoire du droit des obligations*, Economica, 2012
- E. Gounot, *Le principe de l'autonomie de la volonté en droit privé : contribution à l'étude critique de l'individualisme juridique*, Arthur Rousseau, 1912
- R.-M. Rampelberg, *Repères romains pour le droit européen des contrats*, LGDJ 2005
- L. Rolland, « Qui dit contractuel, dit juste.» (Fouillée)… en trois petits bonds, à reculons », (2006) 51 *R.D. McGill* 765

POUR S'ENTRAÎNER :

1) Le droit romain des contrats peut se décrire par son :
   a) libéralisme
   b) consensualisme
   c) formalisme
2) « D'un pacte nu ne naît pas d'action » signifie que :
   a) un contrat n'est pas valable si des formalités ne sont pas respectées
   b) un contrat n'est sanctionné que s'il correspond à un type particulier
   c) les contractants sont priés de se vêtir décemment
3) Ce qui marque l'évolution du droit des contrats après le Code civil est :
   a) une meilleure prise en compte des déséquilibres structurels entre contractants
   b) l'abandon de toute référence aux concepts de l'ancien droit
   c) le renforcement de l'autonomie de la volonté

CORRIGÉ

1) c ; 2) b ; 3) a.

Fiche n° 5
Classification des contrats

Définitions

Animus donandi: volonté de gratification, intention de se dépouiller irrévocablement au bénéfice d'autrui.

Intuitus personæ: la considération de la personne.

La **classification des contrats** n'est pas seulement un exercice purement académique, elle a de fortes implications **pratiques.** Les règles de validité, de formation, ou portant sur les moyens pouvant être mis en œuvre en cas d'inexécution, diffèrent selon la catégorie à laquelle appartient le contrat. La plupart de ces distinctions sont anciennes, et ont été énoncées par Pothier dans des termes qui conviendraient encore aujourd'hui, et qui ont été pour partie repris aux articles 1106 et suivants du Code civil.

Ces distinctions se combinent entre elles. Ainsi, la donation est en principe un contrat nommé, solennel, *intuitu personæ*, à titre gratuit, à exécution instantanée...

I. Le critère de la réglementation

A. Contrats nommés et innomés

Cette distinction reprend celle du droit romain des contrats *Bonæ fidei* et *Stricti Iuris*, sans en conserver l'importance. Dans notre droit positif, il importe peu que le contrat soit **nommé**, c'est-à-dire que son régime soit prévu par le texte, ou qu'il soit **innomé**, sa force obligatoire est exactement la même (voir l'article 1105 al. 2 du Code civil). L'imagination des contractants pour créer de nouvelles figures contractuelles, en adaptant certaines qui seraient nommées, ou en les créant de toutes pièces, n'est donc pas limitée *a priori*.

Attention

Contrairement à ce que le nom de cette distinction pourrait laisser entendre, c'est bien le critère d'une réglementation spécifique existant qui doit être pris en compte. Ainsi, la pratique connaît certains contrats qui ont reçu un nom, comme le contrat de coffre-fort, mais qui pourtant, parce qu'ils sont dénués de réglementation propre, ne sont pas des contrats nommés.

B. Contrats internes et contrats internationaux

Un contrat est **interne**, lorsque ses éléments ne se rattachent qu'à un seul pays, de notre point de vue la France. En revanche, lorsque l'on décèle un élément **d'extranéité**, le contrat est **international**. Ces éléments d'extranéité peuvent être la nationalité des parties, le lieu de formation, ou encore le lieu d'exécution du contrat.

Un contrat interne ne peut être soumis qu'au droit français. Par contre, la solution est moins évidente dans un cadre international. Si un Anglais décide de vendre à un Néerlandais sa voiture immatriculée en France, à quelle loi sera soumis le contrat? Les enjeux sont importants: les règles de formation, le contenu des obligations contractuelles, et tant d'autres éléments varient d'un État à l'autre. La solution à de telles questions appartient au droit international privé.

Illustration

Champ d'application de la Convention de Vienne sur la Vente Internationale de Marchandises

La Convention de Vienne sur la vente internationale de marchandises soumet, sauf choix contraire, les ventes internationales conclues entre professionnels à un droit uniforme, prévu par cette convention. De tels contrats internationaux sont donc soumis au droit international, et non au droit interne d'un État.

II. Le critère de la formation

A. Contrats consensuels, contrats solennels, contrats réels

Un autre moyen de distinguer les contrats est de s'attacher à décrire ce qui marque le moment de leur **formation**. Certains contrats sont parfaits par le seul **échange des consentements**: ce sont des contrats **consensuels**. D'autres exigent que certaines **solennités** soient employées, ce sont des **contrats solennels**. D'autres enfin supposent qu'une **chose soit remise**, en d'autres termes qu'il y ait une **tradition réelle**: ce sont des contrats **réels** (du latin *res*, la chose) (art. 1109 Code civil).

Cette distinction sera revue lors de l'étude particulière de la formation du contrat (fiche n° 12).

B. Contrats de gré à gré et contrats d'adhésion

Les contrats de **gré à gré** ou contrats **négociés**, sont ceux dans lesquels les deux parties discutent pour se mettre d'accord sur chacune des clauses (voyez l'art. 1110 du Code civil).

Les contrats **d'adhésion**, sont ceux dans lesquels l'une des parties a défini les clauses, et l'autre ne peut que les accepter ou les refuser « en bloc ». L'on ne négocie pas les termes du contrat de transport lorsque l'on prend le train, ni du contrat qui nous lie à notre fournisseur Internet : ce sont des contrats d'adhésion. Ces contrats sont supposés être moins protecteurs de la liberté de la partie dite faible que les contrats de gré à gré. Le droit français prend en compte, depuis la réforme de 2016, les spécificités du contrat d'adhésion à l'article 1171 (voir fiche n° 20), et 1190 (voir fiche n° 32).

III. Le critère de l'économie du contrat

A. Contrats onéreux et contrats à titre gratuit

Le contrat **à titre gratuit** (ou de **bienfaisance**, selon le terme ancien), est celui par lequel « *l'une des parties procure à l'autre un avantage sans attendre ni recevoir de contrepartie* » (Art. 1107 al. 2). L'on trouve dans cette catégorie les contrats qui résultent véritablement d'un ***animus donandi***, la volonté de donner, comme la donation.

L'on trouve également des contrats qui par nature sont gratuits, comme le prêt à usage (car s'il était rémunéré, il s'agirait d'une location). Des contrats sont envisagés par le Code civil comme étant en principe gratuits, mais la plupart du temps ils sont en réalité onéreux : tel est le cas du mandat.

Par définition, le contrat à titre gratuit est unilatéral (cf. *infra*).

Selon l'article 1107, « *Le contrat est à titre onéreux lorsque chacune des parties reçoit de l'autre un avantage en contrepartie de celui qu'elle procure* » ; en d'autres termes, le contrat à titre onéreux est celui dans lequel une obligation est consentie en considération d'un engagement de l'autre partie.

B. Contrats synallagmatiques et contrats unilatéraux

La distinction entre les **contrats synallagmatiques** et les **contrats unilatéraux** se trouve dans le Code civil :

- Art. 1106 al. 1 : « Le contrat est synallagmatique lorsque les contractants s'obligent réciproquement les uns envers les autres. »
- Art. 1106 al. 2 : « Il est unilatéral lorsqu'une ou plusieurs personnes s'obligent envers une ou plusieurs autres sans qu'il y ait d'engagement réciproque de celles-ci. »

Attention

Un contrat unilatéral est néanmoins un acte juridique bilatéral, comme tout contrat. Par exemple, la donation suppose évidemment le consentement du donateur, mais aussi celui du donataire. L'on ne peut donner à quelqu'un qui ne veut pas recevoir ! Néanmoins, une seule personne s'oblige.

C'est l'étude des obligations naissant du contrat qui permet de classer le contrat comme synallagmatique ou unilatéral. Lors d'une vente, le vendeur est obligé de donner la chose et l'acheteur de payer le prix ; lors d'un bail, le bailleur est obligé de faire jouir le locataire de la chose, et le locataire est obligé de payer les loyers : chaque partie est obligée l'une envers l'autre. En revanche, dans un contrat de dépôt, ou dans un contrat de prêt à usage, seuls le dépositaire ou l'emprunteur ont une obligation : restituer la chose.

L'intérêt de cette distinction entre contrats synallagmatiques et contrats unilatéraux se manifeste dès la formation du contrat. S'il est passé par acte de sous-seing privé, l'article 1375 du Code civil exige que soient faits autant **d'originaux** qu'il y a de parties ayant un intérêt distinct. Par contre, l'article 1376 du Code civil prévoit que pour les actes unilatéraux dans lesquels l'obligation est de payer une somme d'argent ou de livrer un bien fongible, le titre doit comporter la **mention écrite** par celui qui s'oblige de la somme ou de la quantité en toutes lettres et en chiffres.

Cette distinction a encore un intérêt pour le choix des **remèdes** lorsqu'une partie n'exécute pas ses obligations. Il va de soi qu'il n'y a qu'en cas de contrat synallagmatique qu'une partie peut invoquer **l'exception d'inexécution** (c'est-à-dire qu'elle peut arguer de l'inexécution de l'autre pour refuser d'exécuter sa propre prestation) (cf. fiche n° 34). Ceci n'aurait aucun sens pour un contrat unilatéral.

C. Contrats commutatifs et contrats aléatoires

Les contrats **commutatifs** sont ceux dans lesquels les parties regardent leurs prestations respectives comme équivalentes. Au contraire, le contrat est **aléatoire** lorsque la prestation de l'une des parties est affectée d'un aléa, soit dans son existence, soit dans son étendue (art. 1108 du Code civil). Rares sont les contrats aléatoires, mais l'on peut toutefois noter le pari, l'assurance, ou encore la vente en viager.

Dans de tels contrats, l'aléa est de **l'essence du contrat**. S'il n'existe pas, le contrat est nul. Tel est le cas de l'assurance souscrite pour couvrir un sinistre que l'assuré sait inéluctable.

Par ailleurs, l'on dit que l'aléa exclut la **lésion** (sur la lésion, cf. fiche n° 25) ; en d'autres termes, nul ne saurait remettre en cause, par exemple, la vente d'un bien immobilier en viager pour cause de lésion, si le décès du vendeur est arrivé peu après la conclusion du contrat, et donc que le prix payé est au final ridiculement faible…

D. Contrats-cadres

Les **contrats-cadres** apparaissent essentiellement dans le domaine de la distribution. Ils forment un aspect de l'ensemble contractuel complexe. Ils posent, comme leur nom l'indique, le cadre de conclusion d'accords futurs.

Cette notion est importante, car il est possible que les contrats d'application, pris individuellement, n'aient pas toutes les conditions satisfaisant toutes les exigences de validité, comme la cause ou l'objet. Ils sont néanmoins valides, l'élément faisant défaut se trouvant dans le contrat-cadre (Art. 1111 du Code civil).

En outre, l'annulation du contrat-cadre emporte disparition de tous les contrats d'application. Ceci n'est qu'une application d'une idée plus large : lorsque les contrats sont dans une relation de **principal à accessoire**, ainsi d'une vente et du prêt destiné à la financer, ou d'un cautionnement par rapport aux contrats faisant naître l'une des obligations garanties, alors la disparition du principal emporte disparition des accessoires.

E. Contrats conclus ou non *intuitu personæ*

Certains contrats sont conclus ***intuitu personæ***, c'est-à-dire avec prise en considération de la personne du cocontractant. Essentiellement, les contrats à titre gratuit font partie de cette catégorie : lorsque je fais une donation, je ne la fais pas à n'importe qui.

Au contraire, la vente par exemple, n'est pas un contrat *intuitu personæ :* peu importe que je vende ma voiture à Paul ou à Jacques. Néanmoins, certains contrats synallagmatiques sont bien conclus *intuitu personae* : l'on cite classiquement l'exemple du tableau commandé à un peintre en particulier.

Une première conséquence est que l'on ne saurait reprocher une quelconque discrimination à un cocontractant lorsque le contrat est *intuitu personæ*. Une autre conséquence est que, et c'est une exception, **l'erreur sur la personne** peut être cause de nullité du contrat. De plus, le débiteur de l'obligation marquée *d'intuitu personæ* ne peut la faire exécuter par un tiers. Un tel contrat n'est également pas transmissible aux héritiers.

IV. Le critère du mode d'exécution du contrat

A. Contrats à exécution successive ou instantanée

Certains contrats sont à **exécution instantanée**, ainsi de la vente d'une chose mobilière : l'exécution se fait en un trait de temps, par le transfert de propriété de la chose et le payement du prix.

D'autres sont à **exécution successive**, l'on pourrait parfois dire **continue**, comme le bail (voyez l'article 1111-1). L'effet le plus important attaché à cette distinction concerne les conséquences de l'anéantissement du contrat pour inexécution. Supposons, dans un contrat de vente, que le prix de la vente ne soit pas payé, la vente peut être **résolue**, et l'acheteur contraint de rendre la chose. Mais dans le cadre du bail, seule la **résiliation**, c'est-à-dire l'anéantissement pour l'avenir, est possible : le locataire n'aurait pas à restituer la jouissance qu'il a eue du bien.

B. Contrats à durée déterminée et à durée indéterminée

La célèbre distinction entre les **contrats à durée déterminée** et les **contrats à durée indéterminée** en droit du travail n'est qu'un exemple de cette distinction plus générale en droit civil. Au contrat à durée déterminée, l'on assimile ceux dont la durée est **déterminable** : ainsi en est-il d'un contrat de louage qui courrait jusqu'à achèvement de certains travaux.

Parmi les conséquences de cette distinction, l'on note souvent la **prohibition des engagements perpétuels** (voyez les articles 1210 et suivants du Code civil). Il s'agit d'une limite très ancienne posée à l'autonomie de la volonté, signifiant que l'on ne saurait s'engager indéfiniment sans possibilité de se dégager. En d'autres termes la **rupture unilatérale** de contrat à durée indéterminée est toujours possible, éventuellement dans le respect de certaines conditions légales ou conventionnelles. En revanche, nulle possibilité de se dégager unilatéralement d'un contrat à durée déterminée n'est envisageable, sauf si elle a été mentionnée dans le contrat ou est prévue par la loi.

À retenir

- La classification des contrats est importante, car les règles diffèrent parfois selon la catégorie de contrats considérée.
- Chacune de ces catégories de contrat se combine avec les autres.

Pour aller plus loin

- R. Boffa, « Article 1108 : le contrat d'adhésion », *RDC* 2015/3, p. 736
- F. Grua, « Les effets de l'aléa et la distinction des contrats aléatoires et des contrats commutatifs », *RTD Civ.* 1983, p. 281
- M. Mauss, *Essai sur le don*, PUF, 2007
- R. J. Pothier, *Traité des obligations*, Debure, 1768, n° 9
- F.-L. Simon, « La spécificité du contrat unilatéral », *RTD Civ.* 2006, p. 209
- R. Libchaber, « Regrets liés à l'avant-projet de réforme du droit des contrats – le sort des engagements non bilatéraux », *RDC* 2015/3, p. 634

POUR S'ENTRAÎNER : QCM

1) Une donation est un contrat (en principe) :
   a) Unilatéral, à titre gratuit, *intuitu personæ*, consensuel
   b) Unilatéral, à titre gratuit, *intuitu personæ*, solennel
   c) Bilatéral, à titre gratuit, *intuitu personæ*, réel
2) Le prêt d'un livre à un ami pour ses révisions est un contrat :
   a) Unilatéral, à titre gratuit, *intuitu personæ*, consensuel, à durée indéterminée
   b) Unilatéral, à titre gratuit, *intuitu personæ*, réel, à durée déterminée
   c) Synallagmatique, à titre gratuit, sans *intuitu personæ*, consensuel
3) Une police d'assurance automobile est essentiellement un contrat :
   a) Synallagmatique, commutatif, de gré à gré, à titre onéreux
   b) Synallagmatique, aléatoire, d'adhésion, à titre onéreux
   c) Synallagmatique, aléatoire, de gré à gré, à titre gratuit

CORRIGÉ

1) b ; 2) b ; 3) b.

Première partie

La formation du contrat

Fiche n° 6
Le cadre des négociations

Définitions

Culpa in contrahendo : doctrine d'origine germanique, théorisée par Ihering, établissant un régime particulier de responsabilité pour faute dans le processus menant à la conclusion du contrat.

Période précontractuelle : période de négociation qui s'étend de la première prise de contact entre les parties à la conclusion définitive du contrat.

Évoquer la **formation du contrat**, c'est parler à la fois d'un **instant particulier**, le moment où les volontés se rencontrent ; mais c'est aussi parler d'un **processus**, qui conduit au contrat. La **période précontractuelle** est celle pendant laquelle les parties négocient, le contrat n'est donc pas encore formé. Par définition, les parties sont encore libres de conclure ou non l'accord, elles jouissent de la liberté contractuelle (I), liberté toutefois encadrée par des obligations précontractuelles (II).

I. La liberté contractuelle

La liberté contractuelle est un corollaire de **l'autonomie de la volonté**. Elle est affirmée avec force dans le Code civil depuis la réforme de 2016, à l'article 1102. La liberté contractuelle se décline en trois volets : liberté de contracter ou non (A), liberté de choix du contractant (B), liberté dans la détermination du contenu du contrat (C).

A. La liberté de contracter

La **liberté contractuelle** implique tout d'abord qu'en principe, chacun est libre de **contracter** ou de **ne pas contracter**.

Certaines limites existent toutefois : l'on est parfois obligé de contracter (par exemple, une assurance obligatoire pour conduire une voiture, art. L. 211-1 du Code des assurances) ou, au contraire, empêché de contracter librement (voir la question des incapacités, en droit des personnes).

Cette liberté ne cesse pas parce que des **pourparlers** ont été engagés : pour cette raison, l'on ne commet pas de faute en ne concluant pas une convention, alors même que l'on avait commencé à négocier, quelle que soit la cause de l'échec du processus contractuel.

Toutefois, l'article 1112 du Code civil prévoit que si, l'initiative, le déroulement et la rupture des négociations précontractuelles sont libres, ils doivent satisfaire aux exigences de la bonne foi. Commettrait donc une faute celui qui engagerait des pourparlers pour des motifs fallacieux, ou qui les romprait avec légèreté. La liberté contractuelle n'engendre donc point de droit discrétionnaire ; si l'exercice du droit de ne pas contracter apparaît **fautif** et **cause un dommage**, alors ce dommage devra être réparé.

Attention

La jurisprudence (Cass. Com. 26 novembre 2003, n° 00-10243, Manoukian), a eu l'occasion de préciser que les dommages et intérêts ne doivent couvrir que les frais occasionnés par la négociation et les études préalables exposés par la partie victime d'une rupture fautive des pourparlers, et non les gains qu'elle pouvait espérer réaliser en cas de conclusion du contrat. Cette solution a été reprise à l'article 1112 du Code civil.

B. La liberté de choix du contractant

La liberté contractuelle impose également la possibilité de **choisir son contractant** ; toutefois, des restrictions existent, comme les situations de monopole ou des contrats portant sur des biens ou produits réglementés (revente d'électricité produite par des particuliers ; tabac, jeux d'argent...), ou des prohibitions (embargos...).

Certaines techniques contractuelles comme le **pacte de préférence** permettent, dès la phase précontractuelle, de restreindre la liberté de choix du contractant (cf. fiche n° 8).

C. La liberté dans la détermination du contenu du contrat

Dernier aspect de la liberté contractuelle, la détermination du **contenu du contrat** : les parties sont libres de mettre ce qu'elles souhaitent au marché, d'autant plus que tous les **pactes innomés** ont un effet obligatoire. Par contre, cette liberté est strictement encadrée : d'abord par l'article 6 du Code civil, « On ne peut déroger, par des conventions particulières, aux lois qui intéressent l'ordre public et les bonnes mœurs», principe rappelé à l'article 1102 al. 2 ; ensuite, par la prohibition de certaines clauses (le tout sera revu par la suite, cf. fiche n° 21).

II. Les obligations précontractuelles

Ces obligations ont été découvertes le plus souvent «en creux», par la sanction des contractants indélicats. L'on doit noter que, le contrat n'étant pas conclu, en cas de violation préjudiciable de ces obligations précontractuelles, la responsabilité du fautif est extracontractuelle, le droit français ne formalisant pas, en tant que telle, la ***culpa in contrahendo.***

À l'instar de la plupart des droits étrangers, et avec l'encouragement de plusieurs projets doctrinaux de réforme, le Code civil a intégré en 2016 deux familles d'obligations précontractuelles, l'une relative aux informations que se doivent les parties en négociation (A), l'autre à la confidentialité à propos des informations échangées (B).

A. Obligation d'information et obligations assimilables

Lorsque régnait la plus parfaite **autonomie de la volonté**, l'on n'avait guère de nécessité de faire peser de quelconques obligations d'informations sur chacun des cocontractants : il appartenait à chacun de savoir à quoi il allait s'engager, en faisant l'effort de s'informer si nécessaire. Dans la conception moderne du contrat, au contraire, l'on fait peser dans de très nombreux cas, de manière presque générale en réalité, une **obligation d'information** sur les parties (art. 1112-1 du Code civil).

Quant à l'objet de l'obligation d'information, il convient de révéler toutes les informations «dont l'importance est déterminante pour le consentement», c'est-à-dire celles «qui ont un lien direct et nécessaire avec le contenu du contrat ou la qualité des parties». N'entrent toutefois pas dans ce cadre les informations sur la valeur de la prestation. En tout état de cause, il existe une sorte de devoir pesant sur chaque partie de se renseigner elle-même, puisqu'il ne peut y avoir d'obligation d'information que pour autant que l'ignorance de l'autre partie apparaît légitime.

Quant à l'intensité de l'obligation, les juges ont tendance à considérer que cette obligation est d'autant plus forte que l'une des parties dispose d'une compétence ou d'informations particulières. Des obligations d'informations renforcées pèsent sur les médecins ou sur les banquiers. Quatre niveaux d'intensité peuvent être dégagés :

- La simple obligation de **renseignement**, qui revient à répondre honnêtement aux interrogations de l'autre partie.
- L'obligation **d'information**, qui consiste à lui délivrer, de manière objective, toute information qui serait, *in abstracto*, utile.
- L'obligation de **conseil**, qui suppose de donner un avis à l'autre partie sur le comportement qui est dans son plus fort intérêt.

- L'obligation de **mise en garde**, qui enjoint de déconseiller à l'autre partie de poursuivre dans la voie qu'elle avait elle-même tracée.

Quant à la preuve de l'obligation, l'article 1112-1 opère un partage des rôles : c'est à celle qui se prétend créancière d'informations de prouver l'existence de l'obligation, et à celle qui dit avoir satisfait à cette obligation d'en rapporter la preuve. Il s'agit là ni plus ni moins que de l'application des règles générales de preuve des obligations.

Illustration : Cass. Civ. 3, 28 avril 2011, n° 10-14516

Des travaux de construction entraînent l'apparition de fissures sur une maison voisine. L'assureur du maître de l'ouvrage doit indemniser les riverains des conséquences de ces fissures ; il se retourne en remboursement contre les architectes et constructeurs, arguant qu'ils n'avaient pas correctement informé le maître de l'ouvrage au regard des techniques employées et des risques qu'elles engendraient. La Cour de cassation estime que c'est aux constructeurs de justifier de l'exécution de leur obligation d'information.

B. Obligation de secret, de confidentialité ou de réserve

De manière générale, l'on admet qu'une partie à des négociations qui, pour les besoins de cette négociation, a accès à des informations confidentielles de son cocontractant, a le devoir de les conserver secrètes, peu important que le contrat soit ou non conclu par la suite. Dans la vie des affaires, cela est particulièrement délicat lorsque les parties ayant négocié sont des concurrents qui ne trouvent finalement pas de terrain d'entente.

À retenir

- La liberté contractuelle consiste à pouvoir choisir : de contracter ou non, la personne de son contractant, le contenu du contrat. Cette liberté est toutefois encadrée.
- Pendant la durée des négociations, les parties sont soumises à des obligations, notamment d'information et de confidentialité, dont la violation engage leur responsabilité.

Pour aller plus loin

- L. Bloch, « Chirurgie esthétique : obligation d'information », *RCA* avril 2013, p. 20
- B. Dabosville, *L'information du salarié : contribution à l'étude de l'obligation d'informer*, th. Dalloz, 2013
- I. Beyneix, L-C. Lemmet, « La négociation des contrats », *RTD com.* 2016, p. 1

- J. Dubarry, M. Julienne, « Liberté contractuelle et droits réels », *RLDC* 2013/101, p. 7
- M. Fabre-Magnan, « Le devoir d'information dans les contrats : essai de tableau général après la réforme », *JCP G* n° 25, 20 juin 2016, 706
- P.-Y. Gahdoun, *La liberté contractuelle dans la jurisprudence du Conseil constitutionnel*, th. Dalloz, 2008
- D. Mainguy, « Information précontractuelle », *JCP E* n° 15, 11 avril 2013, 1200
- J.-M. Pontier, « La liberté contractuelle des personnes publiques », *AJDA* 2013, p. 837.

POUR S'ENTRAÎNER : QUESTIONS DE COURS

1) Le patient qui s'estime mal informé par son médecin des complications possibles d'une opération doit-il rapporter la preuve de cette mauvaise information ?
2) La *culpa in contrahendo* est-elle connue du droit français ?
3) Faut-il établir un abus de droit pour obtenir réparation en cas de rupture des pourparlers contractuels ?

CORRIGÉ

1) Ce n'est pas au patient de rapporter la preuve d'une information incorrecte, mais au médecin, débiteur de l'information, de prouver qu'il a correctement informé son patient (preuve à rapporter par écrit).
2) La *culpa in contrahendo,* qui est un régime particulier de responsabilité pour faute dans la négociation d'un contrat n'est pas, en tant que telle, connue du droit français, qui utilise pour sanctionner les parties indélicates des ressources du droit commun de la responsabilité extracontractuelle. Néanmoins, ce faisant, le droit français parvient à des solutions parfois proches de celles des pays qui connaissent la *culpa in contrahendo.*
3) L'abus de droit suppose que le titulaire d'un droit se serve de ses prérogatives sans bénéfice personnel, dans le seul but de nuire à autrui. L'on peut concevoir qu'une partie commette un abus dans l'exercice de sa liberté contractuelle ; néanmoins, une simple faute, par exemple la mauvaise foi dans la conduite des pourparlers, suffit à engager la responsabilité du fautif (voyez par exemple l'article 1112 du Code civil).

Fiche n° 7

De quelques modalités particulières de négociation

I. Les délais de réflexion
II. La négociation par représentant

Définitions

Computation : mode de calcul d'un délai (point de départ, durée, compte en jours francs ou calendaires...). Le même terme désigne également l'action de calculer un délai.

Mandat : contrat par lequel une personne, le mandant, donne procuration à une autre, le mandataire, pour passer pour son compte et en son nom des actes juridiques.

La figure idéale, dans laquelle les parties négocient directement l'une avec l'autre, pour aboutir à un accord dès le terme de la négociation, ne décrit pas le déroulement de tous les pourparlers. Les négociations connaissent parfois des modalités particulières, soit parce que le temps des négociations se fige parfois, soit parce que ce ne sont pas les parties elles-mêmes qui négocient. Ainsi, et dans un souci de protection des contractants, des **délais de réflexion** sont parfois imposés (I). Il arrive que ce ne soient pas les parties, mais leurs **représentants**, qui conduisent les pourparlers (II).

I. Les délais de réflexion

Les **délais de réflexion** sont habituellement accordés lorsque l'une des parties, supposée faible, est susceptible de conclure un contrat de manière impulsive, et particulièrement lorsque ce contrat peut présenter des implications lourdes. Il s'agit d'une technique de protection de l'intégrité du consentement, codifiée à l'article 1122 du Code civil.

L'on peut distinguer deux types de délais de réflexion : les **délais de conclusion** et les **délais de rétractation** (encore appelés « droits de repentir »). Le délai de conclusion empêche pendant un certain temps la formation du contrat. Il s'agit d'un allongement artificiel de la période précontractuelle. En revanche, le délai de rétractation n'empêche pas la formation immédiate du contrat, mais permet à l'une des parties de revenir sur son engagement.

Attention

La nature exacte de ce dernier mécanisme est discutée : faut-il voir ici une formation progressive du contrat, ou une atteinte temporaire à la force obligatoire du contrat ? La seconde branche de l'alternative est à préférer, la jurisprudence reconnaissant le contrat néanmoins parfait dès l'échange des consentements.

Illustration (délais de conclusion)

Crédit immobilier, art. L. 313-34 C. conso : « L'emprunteur et les cautions ne peuvent accepter l'offre que dix jours après qu'ils l'ont reçue ».

Acquisition immobilière par acte authentique, art. L. 271-1 CCH : « Lorsque le contrat constatant ou réalisant la convention est dressé en la forme authentique et n'est pas précédé d'un contrat préliminaire ou d'une promesse synallagmatique ou unilatérale, l'acquéreur non professionnel dispose d'un délai de réflexion de sept jours à compter de la notification ou de la remise du projet d'acte [...]. En aucun cas l'acte authentique ne peut être signé pendant ce délai de sept jours. »

Illustration (délais de rétractation)

Contrats conclus à distance et hors établissement, art. L. 221-18 C. conso : « Le consommateur dispose d'un délai de quatorze jours pour exercer son droit de rétractation d'un contrat conclu à distance, à la suite d'un démarchage téléphonique ou hors établissement, [...] »

Crédit à la consommation, art. L. 311-12 C. conso : « L'emprunteur peut se rétracter sans motifs dans un délai de quatorze jours à compter du jour de l'acceptation de l'offre de contrat de crédit [...] »

La **durée** des délais, de même que les **points de départ**, varient d'un contrat à l'autre, sans que la raison semble toujours évidente : l'on peut regretter que les méthodes de **computation** ne soient pas unifiées.

II. La négociation par représentant

Il est possible pour un futur contractant de confier les négociations, et la conclusion d'éventuels contrats, à un représentant. Deux situations sont à distinguer : la **représentation directe** et la **représentation indirecte** (voyez les deux alinéas de l'article 1154 du Code civil).

Dans la **représentation directe**, le représentant agit **pour le compte** (c'est-à-dire dans l'intérêt de) et **au nom** (c'est-à-dire comme s'il était) du représenté. Le lien entre le représenté et le représentant est le **contrat de mandat**, qui donne au mandataire un pouvoir, la **procuration**, de représenter le mandant. Le contrat négocié puis conclu par mandataire a pour parties le tiers cocontractant et le mandant. Le mandataire n'est pas personnellement engagé envers celui avec qui il a négocié. Typiquement, il s'agit du cas dans lequel le vendeur d'un immeuble choisit un agent immobilier pour trouver acquéreur, négocier et signer le compromis de vente.

Dans la **représentation indirecte**, le représentant agit **pour le compte** du représenté (encore appelé donneur d'ordres), mais **pas en son nom**. Le tiers cocontractant contracte donc avec le prête-nom, ou « l'homme de paille ». Cette pratique n'est pas interdite, sauf si elle avait pour effet de frauder la loi, ou de détourner des réglementations particulières, mais elle est toutefois risquée pour le représentant, comme pour le représenté. Il s'agit d'une hypothèse de **simulation** (cf. *infra*, fiche n° 28).

À retenir

Délais de réflexion	Délai de conclusion	La conclusion du contrat est paralysée pendant une certaine période.
	Délai de rétractation	L'une au moins des parties peut revenir pendant un certain délai sur le contrat conclu.
Négociation par représentant	Représentation directe	Le mandant, représentant direct, agit au nom et pour le compte du représenté, le mandataire.
	Représentation indirecte	Le prête-nom, représentant indirect, agit pour le compte du représenté, mais pas en son nom.

Pour aller plus loin

- Ph. Didier, « La représentation dans le nouveau droit des obligations », *JCP G* 2016, 580
- N. Dissaux (dir.), *Le mandat – un contrat en crise ?*, Economica, 2011
- N. Dissaux, « Articles 1152 et suivants : la représentation », *RDC* 2016/3, p. 749
- S. Piedelièvre, « Charge de la preuve et bordereau de rétractation », *Gaz. Pal.* 20 févr. 2013, p. 15

POUR S'ENTRAÎNER : QCM

1) Une célébrité désirant changer de résidence dans la discrétion charge un agent immobilier de se faire passer pour le potentiel acquéreur d'une luxueuse demeure, afin de conclure une promesse synallagmatique de vente. Il s'agit :
   a. D'un mandat
   b. D'une représentation directe
   c. D'une représentation indirecte
2) Relativement aux crédits affectés, l'article L. 312-51 du Code de la consommation dispose que « En cas de vente ou de démarchage à domicile, le délai de rétractation est de quatorze jours calendaires révolus quelle que soit la date de livraison ou de fourniture du bien ou de la prestation de services. Aucun paiement comptant ne peut intervenir avant l'expiration de ce délai ». Pendant ce délai, le contrat est :
   a. Conclu ?
   b. Non encore conclu ?
3) L'article L. 444-8 du Code de l'éducation prévoit, en matière d'enseignement à distance, que : « À peine de nullité, le contrat ne peut être signé qu'au terme d'un délai de sept jours après sa réception ». Est-ce un délai :
   a. De conclusion ?
   b. De rétractation ?

CORRIGÉ

1) c., car le représentant se présente sous son propre nom, non sous celui du donneur d'ordres, tout en agissant pour le compte du représenté.
2) a., il s'agit d'un délai de rétractation : le contrat est conclu, mais une partie peut revenir sur celui-ci ;
3) a., le contrat ne peut être conclu pendant un certain délai.

Fiche n° 8
Les avant-contrats

I. Le pacte de préférence
II. Les promesses

Définitions

Option : faculté de choix offerte à une personne. « Lever l'option », dans le contexte d'une promesse unilatérale de contrat, consiste à demander la réalisation du contrat définitif.

Potestatif : (adjectif) qui dépend de la seule volonté d'une personne.

Les **avant-contrats** sont par eux-mêmes des contrats, ou du moins des **conventions**. On les nomme toutefois ainsi parce qu'ils préparent la conclusion d'un contrat définitif. Ils répondent au besoin que les parties à la négociation peuvent avoir de formaliser un accord partiel auquel elles sont parvenues. Souvent, les parties fixent ainsi le cadre des négociations futures, ou de la conclusion du contrat définitif. La pratique a inventé toute une gamme **d'accords précontractuels** (accord de principe, protocole d'intention…) dont le régime est relativement incertain.

Par contre, deux figures ont un régime bien établi : l'on distingue le pacte de préférence, qui ne fait qu'octroyer une priorité à son bénéficiaire (I), et les promesses de contrats qui contiennent déjà en germe le contrat définitif (II).

I. Le pacte de préférence

Le pacte de préférence est défini à l'article **1123 du Code civil** comme « le contrat par lequel une partie s'engage à proposer prioritairement à son bénéficiaire de traiter avec lui pour le cas où elle déciderait de contracter ».

Le **pacte de préférence** permet de donner, par voie conventionnelle, une prérogative que la loi prévoit dans certains cas (pour des exemples de droits légaux de préférence ou de préemption, en matière d'indivision, art. 815-14 ; en matière de bail d'habitation, art. 15 de la Loi du 6 juillet 1989). Cette prérogative, la préférence, empêche de choisir librement son contractant. En d'autres termes, celui qui a conclu un pacte de préférence s'engage à adresser une éventuelle **offre de contracter** à une personne déterminée. Ce n'est qu'en cas d'absence d'acceptation de cette offre par le bénéficiaire du pacte de préférence qu'il pourra ensuite l'adresser au public, ou à d'autres personnes.

En pratique, le pacte de préférence est souvent adjoint à un autre contrat, par exemple un contrat de bail commercial.

Attention

La conclusion d'un pacte de préférence ne contraint en rien celui qui est lié à conclure le contrat projeté : sa liberté sur ce point, comme sur la détermination du contenu du contrat, reste entière. La liberté contractuelle n'est réduite qu'à l'égard du choix de la personne du contractant.

En cas de **violation** du pacte de préférence, c'est-à-dire si un contrat a été conclu avec un tiers sans que le bénéficiaire du pacte n'ait reçu d'offre, la **sanction** différera en cas de **bonne** ou de **mauvaise foi** du cocontractant. Si le cocontractant avait la connaissance de **l'existence** du pacte de préférence et de **l'intention** de son bénéficiaire de s'en prévaloir, alors le bénéficiaire pourra être **substitué** à ce cocontractant, ou demander à ce que la nullité du contrat conclu en violation du pacte soit retenue. Dans les autres cas, seuls des **dommages et intérêts** sont envisageables.

La réforme de 2016 a introduit dans l'article 1123 *in fine* ce qui est bien mal nommé une « **action interrogatoire** » (ce n'est pas une action !) : celui qui projette un contrat et qui subodore l'existence d'un pacte de préférence peut interroger par écrit celui qu'il pense être bénéficiaire, afin de lui demander de confirmer « l'existence d'un pacte de préférence et s'il entend s'en prévaloir ». **À défaut de réponse** dans le délai fixé, le bénéficiaire du pacte ne pourra plus solliciter sa substitution au contrat conclu avec le tiers ou la nullité du contrat.

Illustration : Cass. Ch. Mixte, 26 mai 2006, n° 03-19376

En 1957, un acte de donation-partage stipule un pacte de préférence sur un immeuble, rappelé lors d'une transmission subséquente du bien. En 1985, le bien est vendu, en violation du pacte de préférence à une société civile immobilière. Le bénéficiaire du pacte de préférence demande sa substitution dans les droits de l'acquéreur, et est débouté par les juges du fond. La Cour de cassation rejette son pourvoi, au motif que « si le bénéficiaire d'un pacte de préférence est en droit d'exiger l'annulation du contrat passé avec un tiers en méconnaissance de ses droits et d'obtenir sa substitution à l'acquéreur, c'est à la condition que ce tiers ait eu connaissance, lorsqu'il a contracté, de l'existence du pacte de préférence et de l'intention du bénéficiaire de s'en prévaloir ».

II. Les promesses de contrat

Les **promesses** sont des accords de volonté qui préfigurent le contrat définitif; il se peut que l'une seulement des parties soit contrainte de conclure le contrat, si l'autre **lève l'option** conférée par la promesse. La promesse est alors **unilatérale** (A). La promesse peut également être **bilatérale**, ou **synallagmatique**, lorsque les deux parties sont obligées à la conclusion du contrat définitif (B).

A. La promesse unilatérale

Attention

La promesse unilatérale est une convention, puisqu'elle suppose l'accord de volonté des parties : c'est donc un acte juridique bilatéral. Mais l'on parle de promesse unilatérale, puisqu'elle ne contraint que l'une des parties.

La **promesse unilatérale de contrat** est définie par l'article 1124 comme « le contrat par lequel une partie, le promettant, accorde à l'autre, le bénéficiaire, le droit d'opter pour la conclusion d'un contrat dont les éléments essentiels sont déterminés, et pour la formation duquel ne manque que le consentement du bénéficiaire ». La partie bénéficiaire de l'option a donc un **droit potestatif**, une faculté de choix : sa volonté suffira à conclure le contrat. Par contre, le bénéficiaire de l'option n'est engagé à rien.

La promesse unilatérale ressemble, par certains aspects, à une **offre** faite à personne déterminée pour un délai déterminé (cf. fiche n° 11). Toutefois, il ne faut pas se méprendre sur sa nature juridique : la promesse est une **convention** ; contrairement à l'offre, une promesse unilatérale fait intervenir la volonté de deux parties. D'ailleurs, il est souvent prévu que le bénéficiaire de la promesse paye au promettant une indemnité d'immobilisation. Dans un tel cas, la promesse unilatérale de contrat peut alors être qualifiée de contrat synallagmatique. Si le bénéficiaire de la promesse unilatérale ne doit fournir aucune contrepartie, alors il s'agit d'un **contrat unilatéral.**

Si l'offrant viole sa promesse, par exemple vend à un autre, ou refuse de vendre lorsque le bénéficiaire lève l'option, ou révoque sa promesse pendant le délai accorder pour opter, la vente peut être judiciairement conclue. Cette solution, issue de la réforme de 2016, prend à contre-pied la jurisprudence antérieure, qui refusait cette formation judicaire du contrat, motif pris que les volontés ne pouvaient se rencontrer.

Un contrat qui serait conclu en violation d'une promesse unilatérale avec un tiers de mauvaise foi – c'est-à-dire avec un tiers qui en connaissait l'existence – est nul.

B. Les promesses synallagmatiques de contrat

La **promesse synallagmatique** de contrat, que l'on appelle quelquefois assez improprement « compromis », est une convention par laquelle les deux parties s'engagent **réciproquement** à conclure un contrat, à des conditions déterminées. Quel est l'intérêt alors de ne pas conclure immédiatement le contrat définitif ? D'autant plus que l'article 1589 du Code civil dispose que « la promesse de vente vaut vente », et que la jurisprudence considère que ce texte vaut pour tous les contrats !

En réalité, cet intérêt provient de la possibilité d'insérer dans la promesse synallagmatique des **conditions** : par exemple, l'obtention d'un prêt ou d'une autorisation administrative ; ou encore, la réitération de l'acte en la forme authentique.

Si l'une des parties refuse de conclure le contrat définitif, alors que toutes les conditions stipulées dans la promesse synallagmatique sont remplies, il semble que l'on pourrait y suppléer par voie de justice. Ainsi, pour le cas particulier de la réitération de l'acte par devant notaire, l'on doit distinguer : si les parties ont entendu faire de cette réitération un élément constitutif de leur consentement, et que l'une d'elles refuse de s'engager par acte authentique, seuls des dommages-intérêts seront dus : la vente ne sera pas formée. Par contre, dans le cas contraire, un juge pourrait prononcer la vente.

La promesse synallagmatique de vente n'a pas été intégrée au droit commun des contrats par la réforme de 2016... le seul texte de référence se situe dans le droit de la vente : son régime reste donc essentiellement jurisprudentiel.

À retenir

	Effet	Sanction en cas de méconnaissance
Pacte de préférence	N'oblige pas à la conclusion ultérieure d'un contrat, mais restreint la liberté de choix du contractant.	Substitution du bénéficiaire dans les droits du cocontractant, si ce dernier avait connaissance du pacte de préférence et de l'intention du bénéficiaire de s'en prévaloir ; indemnisation dans les autres cas.
Promesse unilatérale	Une seule partie s'engage à conclure un contrat déterminé ; l'autre a le choix (option).	La réalisation forcée du contrat peut être ordonnée.
Promesse synallagmatique	Les deux parties s'engagent réciproquement à conclure un contrat définitif.	Distinction selon que la réalisation du contrat définitif est ou non soumise à une condition (la réitération pouvant être une condition) : indemnisation ou réalisation forcée.

Pour aller plus loin

- H. Kenfack, « La relativité du caractère définitif du consentement du promettant dans la promesse unilatérale de vente », *RLDC* 2011/87, p. 7
- E. Jeuland, « Les actions interrogatoires en question », *JCP G* n° 26, 27 juin 2016, 737
- M. Mekki, « Contrats préparatoires : principes et clauses contractuelles Nouveaux textes, nouveau temps », *JCP N*, n° 13, 1er avril 2016, 1112
- I. Najjar, « La sanction de la promesse de contrat », *D.* 2016, p. 848.
- E. Pouliquen, « Conséquences du dépassement de la date de réitération de la vente », *RLDC* 2013/100, p. 14
- J. Sénéchal, « Violation du pacte de préférence et appréciation des conditions de la substitution de l'acquéreur : vers un assouplissement de la jurisprudence ? », *RTDI* 2012/1, p. 71
- M. Fabre-Magnan, « De l'inconstitutionnalité de l'exécution forcée des promesses unilatérales de vente », *D.* 2015. 826

POUR S'ENTRAÎNER : CAS PRATIQUE

(Librement inspiré de Cass. Civ. 3, 3 novembre 2011, n° 10-20936)

La société L, propriétaire d'un immeuble à usage commercial, a consenti sur ce bien le 1er janvier, un bail commercial comportant un pacte de préférence à la société S, et le 8 janvier, une promesse synallagmatique de vente à la société B. Le 7 novembre, la vente est conclue à l'égard de la société B, conformément à la promesse synallagmatique de vente. La société S, informée incidemment de cette vente, avait l'intention de faire jouer son droit de préférence. Que peut-elle obtenir si, préalablement à la vente :

1) Elle a notifié son intention au vendeur.

2) Elle a notifié son intention à l'acquéreur.

CORRIGÉ

Selon l'article 1123 du Code civil, « Lorsqu'un contrat est conclu avec un tiers en violation d'un pacte de préférence, le bénéficiaire peut obtenir la réparation du préjudice subi. Lorsque le tiers connaissait l'existence du pacte et l'intention du bénéficiaire de s'en prévaloir, ce dernier peut également agir en nullité ou demander au juge de le substituer au tiers dans le contrat conclu ».

Or, en l'espèce, quelle que soit l'hypothèse considérée, le pacte de préférence contenu dans le bail signé le 1er janvier a été violé par la vente du 8 janvier. La société S, bénéficiaire du pacte de préférence, a donc droit à la réparation du préjudice qu'elle a subi.

Si en revanche, elle demande la nullité de la vente ou sa substitution à l'acquéreur, elle doit démontrer la mauvaise foi de l'acquéreur, autrement dit, sa connaissance du pacte et de son intention de s'en prévaloir. La première hypothèse ne permet pas d'établir cette mauvaise foi, puisque c'est le vendeur qui a été notifié. En revanche, la seconde hypothèse, en raison de la notification de l'acquéreur, permet d'établir cette mauvaise foi, et ouvre donc au bénéficiaire du pacte le choix entre une action en nullité ou une substitution dans les droits de l'acquéreur (outre les dommages et intérêts).

Fiche n° 9

Le principe du consensualisme

I. L'effet des volontés concordantes
II. L'expression des volontés
III. La place de l'écrit

Définitions

Ad probationem : pour les besoins de la preuve. S'oppose à ***ad validitatem***, pour les besoins de la validité.

Sous seing privé : signifie sous signature privée, ce qui qualifie un acte qui n'est pas passé par un officier public (comme un notaire).

Si le droit romain était formaliste, l'influence du droit canonique qui est passée dans notre code lui donne une physionomie **consensualiste**, ce qui signifie que, par principe, la concordance des volontés des parties – c'est-à-dire leur **consentement** – suffit à **former le contrat**. Tous les contrats ne peuvent être formés par la simple rencontre des volontés : des exceptions existent. Les contrats suivant le principe du consensualisme sont les **contrats consensuels** (cf. fiche n° 5).

Cet effet créateur des volontés concordantes (I) suppose évidemment qu'elles soient exprimées d'une manière ou d'une autre (II). La pratique de l'écrit est néanmoins, pour les contrats consensuels, adoptée pour des questions de **preuve** (III).

I. L'effet des volontés concordantes

Illustration

Loysel, dans ses *Institutes coutumières*, s'appuyant sur des glossateurs du droit romain, a écrit que « on lie les bœufs par les cornes, et les hommes par les paroles ; et autant vaut une simple promesse ou convenance, que les stipulations du droit romain ».

À partir de cette image se forme la doctrine du **consensualisme**: par principe, la **forme** de conclusion des contrats est libre.

Les deux parties doivent consentir, pour être liées, à la fois au **principe** du contrat (être tenues juridiquement de quelque chose), mais aussi à tous les **éléments** du contrat.

Attention

En réalité, l'on peut même considérer que le simple accord sur les éléments essentiels d'un contrat est suffisant. Ainsi, pour la vente, l'art. 1583 dispose qu'« elle est parfaite entre les parties, [...] dès qu'on est convenu de la chose et du prix, [...] ». Ceci est particulièrement mis en relief dans certains projets de réforme, comme le *Draft Common Frame of Reference* (art. II. – 4:103).

II. L'expression des volontés

Un corollaire du principe du consensualisme est que la forme d'expression du consentement importe peu. Contrairement à une idée répandue dans le sens commun, **signature** et contrat ne sont pas indéfectiblement liés: il arrive que l'on signe des documents qui ne sont point des contrats (par exemple pour attester que l'on a bien reçu une information), et bien des contrats sont formés sans signature. En effet, la volonté peut être exprimée de multiples façons (A), elle peut même jaillir d'une attitude purement passive (B).

A. La volonté expresse

L'écrit reste bien entendu un moyen privilégié de manifester une volonté contractuelle. Par écrit, l'on doit entendre non seulement un acte formalisé signé par les parties, mais aussi un échange de lettres, de courriers électroniques, voire une série de « clics » informatiques (article 1366 du Code civil: « *L'écrit électronique a la même force probante que l'écrit sur support papier, sous réserve que puisse être dûment identifiée la personne dont il émane et qu'il soit établi et conservé dans des conditions de nature à en garantir l'intégrité* »).

La volonté peut également s'exprimer par la **parole**.

Illustration: art. 1714

« On peut louer ou par écrit ou verbalement, sauf, en ce qui concerne les biens ruraux, application des règles particulières aux baux à ferme et à métayage ».

La volonté peut en outre se révéler par ce que certains droits étrangers appellent des « **comportements conclusifs** ». L'article 1114 dispose que la volonté de s'engager « peut résulter d'une déclaration ou d'un comportement non équivoque de son auteur ». L'on vise par là des gestes qui ne laissent aucun doute sur la volonté de contracter (exposer des objets dans une vitrine, monter dans un autobus, se saisir d'un sachet de fruits sur un marché, faire le plein de sa voiture dans une station-service). Bien entendu, la preuve de la conclusion du contrat, comme celle de son contenu, sera bien plus délicate à rapporter que lorsqu'un écrit a été constitué.

B. La volonté tacite

Le proverbe dit : « *qui ne dit mot consent* ». Le droit prend, par principe, le contre-pied de cette expression : **le silence gardé ne vaut pas consentement** pour contracter. Une espèce de la fin du XIXe siècle a rendu cette solution certaine : un journal était adressé à des lecteurs potentiels, leur étant précisé qu'à défaut d'avis contraire, les destinataires seraient considérés comme abonnés. Ce procédé a été condamné par le juge.

L'article 1120 dispose désormais que « Le silence ne vaut pas acceptation, à moins qu'il n'en résulte autrement de la loi, des usages, des relations d'affaires ou de circonstances particulières ». En outre, l'on estime que celui qui a commencé à exécuter des obligations issues d'une proposition qui lui a été faite a valablement consenti à être lié.

Illustration : l'acceptation du mandat

Art. 1985 du Code civil : « L'acceptation du mandat peut n'être que tacite et résulter de l'exécution qui lui a été donnée par le mandataire. »

Au titre d'autres exceptions, dans les **contrats à durée déterminée**, le silence gardé par les parties peut emporter consentement à la **reconduction** du contrat (cf. fiche n° 38). La jurisprudence considère également que lorsque les parties sont en **relation d'affaires**, dans laquelle des contrats sont passés à répétition, le silence d'une partie peut valoir consentement à la répétition d'un contrat semblable. De même, l'on reconnaît – très exceptionnellement – qu'il est des milieux et des régions dans lesquelles il est **d'usage** de considérer que le silence gardé vaut acceptation.

Illustration : Cass. Com. 13 mai 2003, n° 00-21555

La Cour de cassation approuve une Cour d'appel d'avoir appliqué, en matière de courtage de vin en Bordelais, un usage ancien par lequel la vente est conclue par le silence gardé pendant 48 heures après l'envoi par le courtier au vendeur et à l'acheteur d'une « lettre de confirmation ».

Enfin, lorsqu'une offre est faite dans « **l'intérêt exclusif de son destinataire** » (par exemple, une remise de dette) les juges du fond peuvent considérer que le silence emporte acceptation.

III. La place de l'écrit

Que nul écrit ne soit requis pour la formation d'un contrat est une chose, mais cela laisse entier le problème de la **preuve** lorsqu'un litige survient. Les parties peuvent prendre d'elles-mêmes l'initiative de se constituer une preuve de leur accord. Toutefois, dans certains cas, la loi exige un écrit pour les besoins de la preuve. Cette exigence n'est pas une atteinte au consensualisme, elle signifie simplement que la partie qui ne pourrait rapporter une preuve par écrit de l'existence de certains contrats succombera.

A. Le principe

D'après l'article 1359, premier alinéa, un écrit doit être passé pour la preuve de tout contrat dépassant une somme fixée par décret, actuellement 1 500 €. Encore une fois, ce n'est qu'une **exigence de preuve** : l'acte conclu pour une valeur supérieure, sans écrit, est néanmoins valable, et l'absence d'écrit peut être suppléée par aveu ou serment.

Ces écrits sont dits **préconstitués.** Lorsque l'acte est synallagmatique et dressé sur papier, la signature doit être manuscrite, mais le reste de l'acte peut être préimprimé. La date et le lieu de conclusion du contrat ne sont pas une exigence pour la validité de l'écrit, mais ont une utilité pour déterminer les juridictions compétentes, ainsi que le point de départ de la prescription (attention, le chèque ou le testament, qui ne sont pas des contrats, ne sont valables qu'à condition que la date notamment soit mentionnée). Aux termes de l'article 1375, « L'acte sous signature privée qui constate un contrat synallagmatique ne fait preuve que s'il a été fait en autant d'originaux qu'il y a de parties ayant un intérêt distinct, à moins que les parties ne soient convenues de remettre à un tiers l'unique exemplaire dressé » : cette formalité est couramment appelée celle du « **double original** ». (à comparer avec les exigences différentes, pour les **actes unilatéraux**, de l'article 1376 du Code civil).

À l'écrit, l'on doit assimiler **l'écrit électronique.** Celui-ci a d'ailleurs un avantage, il dispense de la formalité du double original.

La **force probante** d'un écrit sous **seing privé** est relative : il peut être contredit par un autre, selon le parallélisme des formes. L'article 1368 prévoit ainsi qu'« À défaut de dispositions ou de conventions contraires, le juge règle les conflits de preuve par écrit en déterminant par tout moyen le titre le plus vraisemblable ». En revanche, et selon l'article 1359 du Code civil

De même, la **date** n'est certaine qu'entre les parties. À l'égard des tiers, aux termes de l'article 1377, un acte de sous-seing privé n'a de date certaine que s'il a été **enregistré**, si une partie est décédée, ou si la substance de l'acte a été constatée dans un **acte authentique**.

A récemment été créé un acte sous signature privée contresigné par avocat. Sans être un acte authentique, sa force probante est renforcée : il fait foi de l'écriture et de la signature des parties, ne peut être mis en cause que par une procédure spécifique de faux, et est **dispensé de toute mention manuscrite** exigée par la loi.

B. Les atténuations

Les **commerçants** ne sont pas soumis aux **règles de preuve** du droit civil sur ce point : en matière de contrats conclus entre commerçants, la preuve est **libre** (Article L. 110-3 du code de commerce).

En droit civil, l'article 1347 prévoit une première exception, valable entre particuliers, à l'exigence d'un écrit. Il s'agit du **commencement de preuve par écrit**. Cette notion est définie par le deuxième alinéa de l'article 1347 : « *on appelle ainsi tout acte par écrit qui est émané de celui contre lequel la demande est formée, ou de celui qu'il représente, et qui rend vraisemblable le fait allégué* ». En d'autres termes, ce commencement de preuve est un écrit, mais qui n'est pas l'*instrumentum* de l'acte que l'on cherche à prouver. Par conséquent, le commencement de preuve par écrit n'est pas en soi une preuve : il permet seulement d'échapper à l'exigence de l'écrit requis *ad probationem*. Par la suite, la preuve doit être rapportée par tous moyens.

L'article 1360 prévoit d'autres exceptions. La première est celle de **l'impossibilité matérielle ou morale de se procurer un écrit** : lorsque les contractants sont unis par des liens d'affection ou de famille, il n'est pas d'usage qu'ils instrumentent leurs accords ; le droit en tient compte ; de même que lorsque, faute de disponibilité d'instruments d'écriture, ou faute de savoir écrire, il était impossible de dresser un acte. Dans un tel cas, la preuve peut être rapportée par tous moyens, après avoir convaincu le juge de l'impossibilité matérielle ou morale de se procurer un écrit. La deuxième est celle, assez semblable à la première, dans laquelle il n'était pas d'usage d'établir un écrit. La troisième concerne le cas où un écrit a bien été constitué, mais ne peut pas être produit parce qu'il a été perdu par un cas de force majeure. Alors, celui qui cherche à prouver l'acte doit d'abord prouver l'événement qui a détruit l'original, et il pourra ensuite prouver les éléments de l'acte par tous moyens.

L'on doit enfin ajouter que les parties peuvent convenir d'écarter dans leurs relations futures les règles de preuve exigeant un écrit préconstitué : elles accordent ainsi **force probante** aux appareils de mesure de consommation de gaz ou d'électricité, ou aux traces électroniques que laissent les paiements par carte bancaire.

Attention

Dans certains cas, l'on se trouve à la limite de l'écrit requis *ad probationem* et de l'écrit requis *ad validitatem*. Par exemple, le contrat de travail à durée déterminée doit être écrit : toutefois, s'il ne l'est pas, il sera considéré comme un contrat de travail à durée indéterminée.

À retenir

- Notre droit est par principe consensualiste, ce qui signifie que les volontés concordantes des parties au contrat suffisent à le former.
- La manière dont s'extériorisent ces volontés importe peu.
- La rédaction du contrat est parfois exigée pour des questions de preuve.

Pour aller plus loin

- T. Favario, « Regards civilistes sur le contrat de société », *Revue des sociétés* 2008/1, p. 53
- V. Forray, *Le consensualisme dans la théorie générale du contrat*, th. LGDJ, 2007
- D. Noguéro, « Souscription du contrat par internet et consensualisme », *D.* 2009, p. 1324
- M. Périer, « Formation du contrat d'assurance », *Gaz. Pal.* 4 mai 2008, p. 11

POUR S'ENTRAÎNER : QUESTION DE COURS

La disposition suivante des *Principes contractuels communs* (Association Henri Capitant/Société de législation comparée) a-t-elle un contenu radicalement différent de celui du droit français positif ?

« Article 2:202 : Intention

[…] (2) L'intention d'une partie d'être engagée peut résulter de ses déclarations ou de son comportement, tels que le cocontractant pouvait raisonnablement les entendre. »

CORRIGÉ

Avant la réforme de 2016, nulle part dans le Code civil il n'était mentionné que les parties devaient exprimer leur intention de contracter d'une manière particulière. Le silence des textes permettait de considérer comme valide ce qu'exprime l'article considéré.

Depuis la réforme, l'article 1113 dispose que « *Le contrat est formé par la rencontre d'une offre et d'une acceptation par lesquelles les parties manifestent leur volonté de s'engager. Cette volonté peut résulter d'une déclaration ou d'un comportement non équivoque de son auteur* ». La fin de l'article 1113 reprend indiscutablement l'essence de l'article 2 :202 des Principes contractuels communs, notamment par l'alternative entre les déclarations et le comportement, pour manifester la volonté d'être engagé.

La seule différence perceptible (d'un côté, l'entendement raisonnable du cocontractant, de l'autre, l'absence d'équivoque) est de faible portée. Elle traduit simplement une différence dans la perception de celui qui doit juger du sens à donner à la déclaration ou au comportement : essentiellement, l'autre partie, pour les Principes contractuels communs ; le juge, pour le Code civil.

Fiche n° 10

Le retour au formalisme

Définitions

Tradition réelle ou remise de la chose: transfert matériel de la détention d'une chose, notamment aux fins de formation d'un contrat réel.

Si, par principe, le droit des contrats est **consensualiste**, des exceptions existent. En effet, certains contrats ne sont formés que lorsqu'une certaine **formalité** est respectée. En d'autres termes, le consentement des parties ne suffit pas à les former.

Attention

L'on peut opposer aux contrats consensuels les contrats formalistes, c'est-à-dire tous ceux qui exigent pour leur validité une certaine forme. Certains de ceux-ci exigent en outre des formes particulières, les solennités: ce sont des actes solennels (par exemple, un acte authentique). Tous les actes solennels sont des actes formalistes, mais tous les contrats formalistes ne sont pas solennels.

Ce retour au formalisme peut s'expliquer parfois par une réminiscence du droit romain ou de l'ancien droit, et encore, plus souvent, par une volonté de protéger la partie faible. Dans ce dernier cas, l'idée est d'attirer, au moyen d'exigences de forme, son attention sur les conséquences du contrat.

Les manifestations du formalisme contractuel se trouvent principalement dans l'exigence de conclure certains actes en la **forme authentique** (I), dans le maintien de la catégorie des **contrats réels** (II), et dans la nécessité de rédiger un écrit pour la **validité** de certains contrats (III).

I. Les actes authentiques

L'article 1369 du Code civil définit **l'acte authentique** comme « L'acte authentique est celui qui a été reçu, avec les solennités requises, par un officier public ayant compétence et qualité pour instrumenter». La loi du 13 mars 2000 a ajouté qu'il pouvait être dressé sur support électronique.

A. Actes concernés

D'après la définition de l'article 1369, les actes authentiques peuvent être autant ceux des notaires, des huissiers, que des commissaires-priseurs. En matière de droit des contrats, c'est essentiellement l'acte notarié qui retient l'attention.

En soi, n'importe quelle convention peut être passée par devant **notaire**. Le Code civil prévoit quatre catégories de contrats qui doivent être passés par acte authentique : la donation (article 931, mais l'on déroge à cette exigence par le don manuel), le contrat de mariage (article 1394), la constitution d'hypothèque (article 2416), la subrogation conventionnelle sans le concours du créancier (article 1346-2). Des lois postérieures, non codifiées dans le Code civil, ont ajouté à cette liste certains contrats liés à des opérations immobilières, comme les ventes d'immeubles à construire (L. 261-11 CCH).

Attention

La vente d'immeuble (hors immeuble à construire) est un contrat consensuel; cependant, pour être opposable aux tiers, des formalités de publicité foncière doivent être exécutées, ce qui exige l'intervention d'un notaire.

B. Particularisme des actes authentiques

Trois conditions sont traditionnellement requises pour les actes authentiques : depuis l'ordonnance de Villers-Cotterêts de 1539, un acte authentique doit être rédigé en **français** ; l'on exige encore la **signature manuscrite** de l'officier public, et l'indication de la **date de l'acte**.

Les actes authentiques ont date certaine. En outre, leur force probante est renforcée : ils font foi jusqu'à inscription de faux, du moins pour ce dont l'officier ministériel a pu se convaincre lui-même.

Enfin, la **grosse**, ou **copie exécutoire** d'un acte authentique, est revêtue de la formule exécutoire : cela signifie que le créancier peut prendre une mesure **d'exécution forcée**, sans avoir besoin d'obtenir un jugement de condamnation.

II. Les contrats réels

Le droit romain connaissait une multitude de contrats se formant *re*, par la **tradition réelle** ou **remise de la chose**, la *res praestita* : certains avaient pour objet la **restitution** de la chose donnée, d'autres avaient un autre objet, il s'agissait des contrats *do ut des* et *do ut facias* (respectivement : je donne pour que tu me donnes, cas de l'échange notamment, ou je donne pour que tu fasses, ce que nous appellerions le contrat d'entreprise).

Notre droit a conservé à certains contrats, dits « de restitution », le caractère de **contrats réels**. Par exemple : le **prêt à usage**, ou **commodat**, le **prêt de consommation** (sauf quand il est accordé par un professionnel du crédit – Civ. 28 mars 2000) – encore que, dans un tel cas, ce n'est pas la chose fournie, mais la valeur fournie, qui est restituée – ou enfin le **dépôt**. L'on qualifie encore de contrat réel le **don manuel**.

La conséquence d'une telle qualification est que le contrat ne se forme qu'à **la remise de la chose**. L'accord des volontés est impuissant à le former. Par suite, l'offre, voire la promesse d'un contrat réel ne se conçoit guère. De même, la cause de l'obligation de restituer (cf. fiche n° 18) est dans la remise initiale. La jurisprudence a écarté du nombre des contrats réels le prêt d'argent consenti par un professionnel.

III. L'écrit exigé *ad validitatem*

Dans un souci de **protection du consentement**, particulièrement de celui de la partie dite faible, le législateur augmente le nombre des contrats qui doivent être passés dans la **forme écrite**. Ceux issus de cette inflation s'ajoutent à ceux qui le sont traditionnellement, notamment les contrats qui doivent être conclus en la forme authentique. Du point de vue de la validité, comme du point de vue de la preuve, **l'écrit électronique** est par principe assimilé à l'écrit papier (art. 1174 du Code civil).

Le principe reste bien celui du consensualisme : mais par exception, certains contrats ou, du moins, certaines clauses de ces contrats doivent, à peine de nullité, être écrits. Des **mentions obligatoires** sont d'ailleurs à apporter pour la vente d'un fonds de commerce, pour la vente et le démarchage à domicile, pour le bail à usage d'habitation, pour la vente de voyages…

Illustration : quelques textes exigeant un écrit *ad validitatem*

Art. 2044 du Code civil

La transaction est un contrat par lequel les parties terminent une contestation née, ou préviennent une contestation à naître.

Ce contrat doit être rédigé par écrit.

Art. L. 331-1 du Code de la consommation

Toute personne physique qui s'engage par acte sous seing privé en qualité de caution envers un créancier professionnel doit, à peine de nullité de son engagement, faire précéder sa signature de la mention manuscrite suivante, et uniquement de celle-ci : « En me portant caution de X..., dans la limite de la somme de... couvrant le paiement du principal, des intérêts et, le cas échéant, des pénalités ou intérêts de retard et pour la durée de..., je m'engage à rembourser au prêteur les sommes dues sur mes revenus et mes biens si X... n'y satisfait pas lui-même. »

Ces prescriptions, qui sont en principe motivées par un souci de protection de la partie faible (formalisme informatif), ont un effet pervers : les **vices du consentement** seront plus délicats à invoquer pour elle (cf. fiche n° 13).

À retenir

- Le consensualisme n'est que le principe en matière de formation du contrat : de nombreux contrats exigent le respect de certaines formes pour être conclus.
- Ces formes peuvent être les solennités d'un acte authentique, la remise d'une chose pour un contrat réel, ou la présence d'un écrit, voire la rédaction manuscrite de mentions prédéterminées, pour certains contrats faisant de l'écrit une exigence de validité.

Pour aller plus loin

- C. Atias, « La constitution des actes juridiques », *D.* 2008, p. 743
- J. Flour, « Quelques remarques sur l'évolution du formalisme », in *Le Droit privé français au milieu du XXe siècle*, études Ripert, t. II, DGJ, 1950, p. 93
- H. Jacquemin, *Le formalisme contractuel : mécanisme de protection de la partie faible*, th. Larcier, 2010
- X. Lagarde, « Observations critiques sur la renaissance du formalisme », *JCP* 1999, I, 170
- J. Le Bourg, *La remise de la chose – essai d'analyse à partir du droit des contrats*, th. Chambéry 2010

POUR S'ENTRAÎNER : QCM

1) Primus s'est engagé par oral à prêter à Secundus un outil dont ce dernier avait besoin, à une date particulière. Primus s'est ravisé : Secundus peut-il invoquer le contrat de prêt pour demander des dommages et intérêts ?
   a. Non, car aucun écrit n'a été dressé, donc le contrat n'est pas formé.
   b. Non, car la chose n'ayant pas encore été remise, le contrat n'est pas formé.
   c. Oui, car le contrat s'est formé par la rencontre des volontés de Primus et de Secundus.
2) Elzéar et Hippolyte concluent sous seing privé la vente d'une maison d'habitation. Ce document :
   a. Ne vaut rien.
   b. Est un contrat de vente.
   c. Peut valoir comme une promesse synallagmatique de vente.
3) L'article L. 141-1 du Code de commerce prescrit diverses énonciations (chiffre d'affaires, résultat d'exploitation, ...) pour la cession amiable de fonds de commerce. Il est précisé que « l'omission des énonciations ci-dessus prescrites peut [...] entraîner la nullité de l'acte de vente ». Ce formalisme est :
   a. *Ad validitatem*
   b. *Ad probationem*
   c. *Ad solemnitatem*

CORRIGÉ

1) b. ; 2) b. ; 3) a.

Fiche n° 11
L'offre

Définitions

Offre : l'offre est une proposition ferme de conclure un certain contrat, à des conditions déterminées.

Pollicitation : synonyme d'offre. L'offrant se nomme également pollicitant.

Caducité : Disparition d'un acte juridique pour une raison qui lui est extrinsèque.

Une infime partie des contrats seulement (mais certainement les plus importants d'entre eux) se concluent après une période identifiable de **négociations.** Bien plus souvent, la phase précontractuelle se résume à deux temps : l'émission d'une **offre** et son **acceptation.**

L'offre doit être distinguée de la simple **invitation à entrer en pourparlers.** Elle se définit comme une proposition ferme de conclure un certain contrat, à des conditions déterminées (art. 1114). En d'autres termes, l'offre, pour être qualifiée ainsi, doit contenir tous les éléments du **futur contrat** ; du moins, elle doit contenir les **éléments essentiels** : par exemple, pour une vente, la chose vendue et le prix. Des éléments accessoires comme le lieu ou le délai de livraison peuvent ne pas être contenus dans l'offre, sans que cela la disqualifie.

L'offre, pour avoir cette qualification, doit encore être **ferme** : elle ne doit pas en principe être assortie de **réserves** ; l'offrant doit définitivement consentir à être lié si son offre est acceptée. Ainsi, une offre d'emploi, parce qu'elle permet néanmoins à l'employeur de choisir le futur salarié, n'est pas juridiquement une « offre ». Il en va de même pour une « offre » de vente, lorsque le prix est « à débattre ». En revanche, la réserve usuelle, en matière d'offre de vente présentée par catalogue, « dans la limite des stocks disponibles », ne disqualifie pas l'offre : en effet, ce n'est pas la volonté de l'offrant qui décidera si le contrat peut être conclu ou non.

De manière très concrète, des éléments aussi divers que des devis, des petites annonces, des catalogues ou brochures, ou encore l'exposition de marchandises assorties d'un prix peuvent être considérés comme des offres.

Une offre émise doit en principe être maintenue un certain temps (I) ; sa rétractation, licite ou non, empêche la formation du contrat (II), tout comme la survenance de certains événements entraînant sa caducité (III).

I. Le maintien de l'offre

Il se peut que l'offrant enferme son offre dans un **délai prédéfini.** La jurisprudence, avant la réforme de 2016, estimait qu'alors, l'offre devait être maintenue pendant ce délai. Désormais, l'obligation de maintien de l'offre est codifiée à l'article 1116.

Si l'offrant n'a pas fixé de délai pour opter, son offre doit être maintenue dans un **délai raisonnable.** Là encore, il s'agissait d'une solution dégagée par la Cour de cassation, désormais intégrée à l'article 1116 du Code civil. La détermination du caractère « raisonnable » est laissée à l'appréciation des juges du fond. Il convient d'avoir à l'esprit que ce délai doit permettre au destinataire de l'offre (ou au public, en cas d'offre faite au public), d'accepter l'offre.

Seul le maintien de l'offre jusqu'au temps de l'acceptation permet de former le contrat.

II. La rétractation de l'offre

L'article 1115 du Code civil dispose que l'offre « peut être librement rétractée tant qu'elle n'est pas **parvenue à son destinataire** ». *A contrario*, la rétractation de l'offre n'est donc pas permise une fois celle-ci arrivée chez le destinataire. Une sorte de course contre la montre s'impose à l'offrant se repentant. Néanmoins, les juges admettent qu'une concomitance relative entre la réception de l'offre et sa rétractation est **efficace.**

La **modification** d'une offre s'analyse comme une rétractation de l'offre initiale suivie d'une nouvelle offre.

Illustration : Cass. Civ. 1, 16 janvier 2013, n° 11-28235

Une banque fait une offre relative à un changement de taux d'un prêt immobilier. S'avisant d'une erreur de calcul, elle fait parvenir un courrier rectificatif quelques jours plus tard, portant la mention « annule et remplace » le courrier initial. Le client accepte l'offre initiale, ce que les juges contestent, motif pris qu'il avait eu connaissance de la modification de l'offre avant de donner son acceptation.

Si jamais l'offre est rétractée avant l'expiration du délai fixé par son auteur, ou avant un délai raisonnable, cette rétractation est **illicite** (Art. 1116 du Code civil). Cette rétractation est néanmoins efficace, car elle empêche la conclusion du contrat – sur ce point, le droit issu de la réforme de 2016 s'écarte de la tendance jurisprudentielle antérieure.

La seule sanction d'une **rétractation illicite** de l'offre est donc l'octroi de **dommages et intérêts.** Cette sanction est assez peu dissuasive, puisque l'article 1116 dispose que cette indemnisation ne doit pas compenser la perte des avantages attendus du contrat par le destinataire de l'offre.

III. La caducité de l'offre

Trois événements peuvent rendre une offre caduque : **l'écoulement du temps**, **l'incapacité** ou le **décès de l'offrant (Art. 1117).** Lorsqu'une offre est caduque, toute acceptation devient inefficace, et ne saurait former le contrat.

L'offre est en effet caduque lorsque le délai fixé par son auteur pour son maintien, ou celui fixé par la loi à défaut (le délai raisonnable), est écoulé.

L'offre est encore caduque lorsque son émetteur se trouve dans l'impossibilité de contracter, soit en raison de son **incapacité** soit en raison de son **décès.** Pour le dire autrement, l'offre ne lie pas les **héritiers** de l'offrant. En revanche, alors même que l'offre aurait été faite non au public, mais à une personne déterminée, l'on peut considérer qu'elle peut être acceptée, en cas du décès de son destinataire, par ses héritiers, continuateurs de sa personne (sous réserve des offres qui présenteraient un fort caractère *intuitu personae*).

À retenir

- L'offre doit être maintenue pendant le délai stipulé, ou pendant un délai raisonnable.
- En cas de rétractation illicite, la responsabilité de l'émetteur est engagée.
- L'offre est caduque après l'écoulement du délai de maintien, ou en raison de l'incapacité ou du décès de l'offrant.

Pour aller plus loin

- J. Antippas, « De la bonne foi précontractuelle comme fondement de l'obligation de maintien de l'offre durant le délai indiqué », *RTD Civ.* 2013, p. 27
- H. Barbier, « Peut-on rétracter sa rétractation ? », *RLDC* 2012/96, p. 7
- M.-A. Frison-Roche, « Remarques sur la distinction de la volonté et du consentement en droit des contrats », *RTD Civ.* 1995 p. 573

- D. Houtcieff, « Du contrat qui s'ignore », *Gaz. Pal.* 10 octobre 2012, p. 17
- S. Pimont, « Article 1117 : la révocation de l'offre – A New French Touch », RDC 2015/3, p. 743
- A. Vialard, « L'offre publique de contrat », *RTD Civ.* 1970, p. 750
- G. Wicker, « Le nouveau droit commun de la représentation dans le Code civil », *D.* 2016 p. 1942

POUR S'ENTRAÎNER : CAS PRATIQUE

Philéas souhaite vendre sa motocyclette ; il la propose par courriel à son ami Sigismond, qui connaît le bien en question, pour 6 000 euros, en lui demandant de bien vouloir lui faire connaître se réponse pour le lundi suivant. Le dimanche soir, Philéas écrit à nouveau à Sigismond, lui disant qu'il a finalement fait affaire avec son voisin, et qu'il en est très content, puisqu'il a tiré 6 500 euros de son bolide. Sigismond, en découvrant les deux courriels le lundi, est outré, car il aurait accepté le bien. Qu'en pensez-vous ?

CORRIGÉ

Philéas a émis par courriel une offre de vente : c'est une proposition de conclure un contrat déterminé, la vente, qui est ferme, puisque rien ne laisse entendre que sa volonté ne serait pas définitive ; en outre, elle contient la détermination du bien (dont l'identité comme l'état ne font aucun doute pour le destinataire) et le prix ferme. Cette offre contient donc les éléments essentiels du contrat envisagé (cf. Art. 1114 du Code civil), et est faite à personne déterminée, pour un délai déterminé.

Philéas a rétracté son offre avant qu'elle ne soit acceptée – en vendant le bien à un tiers. Le contrat avec Sigismond ne saurait donc être formé. Reste à savoir si cette rétractation est licite. Si les faits de l'espèce semblent entrer dans les dispositions de l'article 1116 du Code civil (interdiction de rétractation de l'offre pendant le délai fixé par son auteur), c'est en réalité l'article 1115 du Code civil qu'il convient d'appliquer. Il prévoit la libre rétractation de l'offre non parvenue à son destinataire. Or, en l'espèce, les deux courriels, d'offre et de rétractation, ont été reçus simultanément : la rétractation a été faite avant la réception de l'offre par son destinataire. Cette rétractation est efficace et licite.

Fiche n° 12
L'acceptation

Définitions

Acceptation : « manifestation de volonté de son auteur d'être lié dans les termes de l'offre » (Art. 1118).

Contrat entre absents : se dit de tout contrat à la formation duquel les parties ne sont pas présentes ou représentées en un même lieu.

L'offre émise, son émetteur a manifesté sa **volonté d'être lié par le contrat.** La formation du contrat, selon le principe du consensualisme, suppose que le destinataire ou que l'un des destinataires de l'offre extériorise une **volonté concordante** (ou du moins, conserve le silence, dans les rares cas où le silence vaut acceptation). Cette manifestation de volonté de la part du destinataire de l'offre est **l'acceptation.**

L'acceptation, du moins lorsqu'elle est **pure et simple**, a pour effet de former définitivement le contrat (I) ; pour des raisons procédurales essentiellement, l'on doit pouvoir **dater** et **localiser** la formation du contrat, ce qui apparaît délicat lorsque le contrat est conclu **entre absents** (II). L'acceptation doit s'étendre aux conditions générales, faute de quoi elles ne seraient pas opposables (III).

I. Les effets de l'acceptation

L'article 1118 de Code civil pose la définition et le régime de l'acceptation. L'acceptation est, tout comme l'offre, une **manifestation de volonté d'être lié** juridiquement. Ce qui a déjà été dit sur les manifestations de volonté, et notamment sur **l'effet très limité du silence**, s'applique donc à l'acceptation (cf. fiche n° 9).

Illustration : Cass. Civ. 1, 24 mai 2005, n° 02-15188

Une personne, propriétaire d'un terrain sur lequel des travaux vont être réalisés, est contrainte de faire procéder à des fouilles archéologiques préventives. Un devis lui est adressé par l'Association ayant compétence pour réaliser ces fouilles ; elle ne l'accepte pas expressément, les fouilles sont réalisées, et le payement se fait attendre. La Cour d'appel a retenu que le devis était une offre ayant été acceptée par le silence gardé. La Cour de cassation approuve le raisonnement, rappelant que « si le silence ne vaut pas à lui seul acceptation, il n'en est pas de même lorsque les circonstances permettent de donner à ce silence la signification d'une acceptation ». En l'espèce, la volonté du propriétaire du terrain était liée par les contraintes administratives, et ces circonstances font que le silence gardé vaut acceptation.

Les deux volontés se rencontrant, le contenu du contrat étant défini, celui-ci est définitivement formé.

Ceci dit, l'acceptation doit être « **conforme** » pour que soit formé le contrat, ce qui signifie que rien ne doit être ajouté ou retranché au contenu de l'offre – l'on évoque parfois une acceptation pure et simple. L'acceptant peut soit dire « **oui** » simplement, soit reprendre les éléments de l'offre, soit adopter tout **comportement** manifestant son acceptation. Une négociation qui s'en suivrait sur des **délais** ou des **conditions de livraison**, par exemple, ne remettrait pas en question le fait que le contrat a été définitivement formé : l'accord sur les éléments essentiels du contrat est en principe suffisant.

Par contre, si le destinataire de l'offre négocie, émet des **réserves**, en d'autres termes, fait une **contre-proposition**, alors celle-ci s'analyse comme une **nouvelle offre**, destinée à être acceptée par le premier offrant, pour que le contrat soit formé.

II. Le contrat entre absents

Le contrat est formé lorsqu'il y a **accord des volontés**, c'est-à-dire, lorsque l'offre a été acceptée. La détermination du **lieu** et de **l'instant de conclusion** du contrat ne pose guère de problèmes lorsque les deux parties sont physiquement présentes. En revanche, la question est plus complexe pour les contrats « **entre absents** ». Tel est le cas de tous les contrats conclus à distance, par correspondance, par voie électronique.

Attention

Le terme « absents » dans ce contexte ne doit pas être pris au sens du résultat de la présomption ou de la déclaration d'absence (art. 112 et suivants du Code civil; voir les Fiches de droit des personnes, n° 4). Dans le régime de présomption d'absence, l'absent est représenté; dans celui de la déclaration d'absence, l'absent ne contracte plus.

La question du lieu de conclusion du contrat n'a plus guère d'importance pour les contrats internes (sauf peut-être pour déterminer les **usages locaux** aux fins d'interprétation de la convention). Celle de la **date** de formation du contrat, en revanche, est plus importante.

En effet, alors que la rétractation de l'offre, même illicite, empêche le contrat de se former, il en va tout autrement si la rétractation intervient après la formation du contrat. En tout état de cause, la défaillance de l'une des parties entraîne l'application de règles différentes, selon que l'on considère que le contrat est formé ou non.

Illustration : Cas d'école

Une offre est émise par une société parisienne le lundi. Elle est reçue par le destinataire bordelais de l'offre le mardi. Le mercredi, est envoyée l'acceptation pure et simple de l'offre, qui est reçue le vendredi par l'offrant. Que décider si l'émetteur de l'offre décide de la retirer le jeudi; ou de contracter le jeudi avec une autre personne?

Deux théories s'opposent, pour déterminer le moment de formation du contrat: celle de **l'émission**, qui considère que le contrat est formé lorsque l'acceptation est envoyée vers l'offrant; et celle de la **réception**, qui soutient que le contrat est formé lorsque l'offrant reçoit l'acceptation. Selon que l'on choisisse l'une ou l'autre, la rétractation de l'offre entre l'émission de l'acceptation et sa réception par l'offrant n'a pas la même efficacité. La jurisprudence a hésité entre ces deux théories, et le débat a été tranché par le législateur. L'article 1121 du Code civil opte désormais clairement pour la théorie de la **réception**: le contrat est formé au moment et au lieu où l'acceptation parvient à l'offrant.

III. L'acceptation des conditions générales

Il est d'usage qu'un contrat comporte tant des **conditions générales** (valables pour tous les contrats du même type proposés par un même offrant) que des **conditions particulières**, ne concernant que le contrat considéré (ne serait-ce que la désignation de marchandises vendues et leur prix, par exemple). Les conditions générales ne sont pas réellement négociées entre les parties.

L'article 1119 du Code civil règle différentes difficultés relatives à ces conditions générales. Le premier alinéa rappelle que l'**acceptation doit s'étendre aux conditions générales**, pour que celles-ci intègrent véritablement le contrat. En pratique, il s'agira de remettre un exemplaire des conditions générales, et de s'assurer, par exemple en exigeant un paraphe, que le destinataire en a pris connaissance.

Le troisième alinéa du même article concerne le cas dans lequel des conditions particulières (sur un taux d'intérêt, un mode de livraison...) **contredisent des conditions générales**. Dans un tel cas, ce sont les conditions particulières, que l'on présume mieux rendre compte de la volonté des parties, qui doivent être appliquées.

À retenir

- L'acceptation pure et simple d'une offre de contracter suffit à former le contrat.
- Une acceptation qui ne serait pas pure et simple vaut comme une nouvelle offre.
- Les contrats entre absents posent des difficultés pour déterminer le lieu et la date de conclusion du contrat : la théorie de la réception a été consacrée dans le Code civil.

Pour aller plus loin

- D. Arnaud, K. Drai-Parker, A. Van Eeckhout, « Les pratiques contractuelles du SMS », *RDC* 2008/2, p. 557.
- T. Genicon, « Acceptation tacite dans une relation d'affaires habituelle : un silence circonstancié qui ne dit pas son nom », *RDC* 2011/3, p. 795
- L. Grynbaum, « Contrats entre absents : les charmes évanescents de la théorie de l'émission de l'acceptation », *D.* 2003, p. 1706
- D. Houtcieff, « Le consentement sur l'essentiel est suffisant », *Gaz. Pal.* 6 janvier 2010, p. 20
- V. Forray, « L'offre et l'acceptation dans les projets de réforme du droit français des contrats : remarques sur l'écriture doctrinale du droit des contrats », *RTD civ.* 2012, p. 231

POUR S'ENTRAÎNER : QCM

Soit la situation suivante : Philéas souhaite vendre sa motocyclette ; mercredi matin, il la propose par courriel à son ami Sigismond, qui connaît le bien en question, pour 6 000 euros. Sigismond, arguant que ce modèle connaît des soucis de fiabilité à long terme, lui en propose, par SMS, 5000 euros, le jeudi soir. Le vendredi matin, Philéas lui répond, toujours par SMS, « OK ». Sigismond, qui était à une soirée estudiantine le jeudi soir, a oublié son téléphone éteint chez l'un de ses amis – il ne le récupérera que le vendredi soir. Pendant cette journée du vendredi, il décide de s'acheter un superbe vélo tout terrain, et envoie un courriel à Philéas, avec le message suivant : « laisse tomber pour la moto, je me mets au vélo ».

1) Le SMS de Sigismond, le jeudi soir est-il :
   a. Une acceptation
   b. Une nouvelle offre
2) Le SMS de Philéas, le vendredi matin, peut-il être une acceptation ?
   a. Non
   b. Oui
3) Le contrat de vente a-t-il été formé ?
   a. Oui, le vendredi matin, quand Philéas envoie le SMS.
   b. Oui, le vendredi soir, quand Sigismond récupère son téléphone et renvoie le SMS.
   c. Non, le courriel du vendredi est une rétractation de l'offre.
   d. Non, le courriel du vendredi est une rétractation de l'acceptation.

CORRIGÉ

1) b (absence de conformité de la réponse à l'offre).
2) b.
3) c (c'est en effet Sigismond qui est l'offrant ; toutefois, cette rétractation de l'offre ouvre droit à des dommages et intérêts. Le contrat ne peut être formé car, selon les dispositions de l'article 1121, « Le contrat est conclu dès que l'acceptation parvient à l'offrant » ; or, l'offre a été retirée avant ce moment).

Deuxième partie

La validité du contrat

Fiche n° 13
Le consentement

Définitions

Consentement : acte libre de la pensée par lequel une personne accepte d'être engagée.

Vice du consentement : circonstance déterminée par le droit privant la personne qui s'engage d'une réelle liberté de vouloir, et privant d'effet son consentement.

Le Code civil donne, dans son article 1128, les trois premières conditions de validité des conventions : « Sont nécessaires à la validité d'un contrat :

- 1° Le **consentement** des parties ;
- 2° Leur **capacité** de contracter ;
- 3° Un **contenu** licite et certain. ».

À celles-ci, l'on doit également ajouter les prescriptions de l'article 6 : « On ne peut déroger, par des conventions particulières, aux lois qui intéressent l'ordre public et les bonnes mœurs ».

Le non-respect des conditions posées par ces textes entraîne la **nullité** du contrat, c'est-à-dire un **défaut originaire** de celui-ci, qui compromet son efficacité et jusqu'à son existence juridique.

Le **consentement** est la première exigence de validité du contrat. L'on conçoit évidemment que sa place soit centrale dans les contrats consensuels : sans consentement, pas de contrat. Il est tout aussi nécessaire en matière de contrat solennel ou réel : s'il ne forme pas alors la convention, il en est toutefois un élément.

Le consentement doit donc **exister**, mais aussi **être sain**, c'est-à-dire, **exempt de vices** (I). Des outils juridiques existent pour **prévenir** les vices du consentement (II).

I. L'exigence d'un consentement sain

Le contrat n'est formé que si toutes les parties (ou leurs représentants) consentent, et que leur consentement est **exempt de vices**.

Lorsque le consentement fait **totalement défaut**, parce qu'une signature a été imitée, ou que l'on tenait la main de celui qui signait, il n'y a pas même de vice du consentement : il y a absence totale de consentement, et, partant, pas de contrat. La même solution est acceptée en cas **d'erreur** tellement énorme qu'elle dépasse le vice du consentement : erreur sur le fait même de contracter, erreur sur l'opération contractuelle (l'un croit louer ; l'autre croit acheter), confusion quant à l'objet du contrat (l'un croit acheter l'appartement du rez-de-chaussée ; l'autre croit acheter l'appartement du sixième étage). L'on parle alors **d'erreur-obstacle**, qui annihile tout consentement, et rend le contrat inexistant.

L'on peut rappeler l'existence de l'article 414-1 du Code civil, sur **l'insanité d'esprit**, qui dispose : « pour faire un acte valable, il faut être sain d'esprit », principe rappelé à l'article 1129. Que le trouble soit dû à une pathologie, à l'âge, à l'alcool, ou à une forte émotion, celui qui prouverait avoir contracté sous l'empire d'un **trouble mental** ne serait pas engagé.

Lorsque le consentement semble ne pas faire totalement défaut, mais ne présente pas les qualités correspondant à une acceptation libre, réelle et éclairée du contrat, l'on parle de **vice du consentement**. L'article 1130 donne la liste des vices du consentement : « l'erreur, le dol, et la violence ».

L'erreur, le **dol** et la **violence** sont trois vices du consentement. L'erreur est la **représentation fausse** de la réalité ; le dol désigne des **manœuvres frauduleuses** qui ont provoqué une erreur ; la **violence** (l'on dirait peut-être plutôt les menaces ou la contrainte) désigne les agissements poussant une partie à contracter en raison d'une **crainte** que ces menaces lui inspirent.

II. La prévention des vices du consentement

Traditionnellement, le droit compte sur l'effet dissuasif des **sanctions** des vices du consentement, et au premier rang desquelles la **nullité** (cf. *infra* n° 24) pour prévenir les vices du consentement, du moins ceux qui trouvent leur origine dans une indélicatesse de l'autre partie. En effet, puisqu'en l'absence de consentement valablement donné, aucune efficacité n'est reconnue à l'acte, la partie qui vicierait ou profiterait sciemment du vice du consentement de l'autre partie s'exposerait à **l'annulation du contrat**, ôtant tout intérêt à l'opération. En outre, si une faute entraînant un tel vice était imputable à une partie, elle engagerait sa **responsabilité** (extracontractuelle par définition).

En outre, le législateur s'est saisi de la question, et le souci de prévention des vices du consentement explique un certain nombre de formalités déjà rencontrées :

délais de conclusion (cf. fiche n° 7), **mentions obligatoires** (cf. fiche n° 10)... Plus encore, des **infractions** sont prévues pour sanctionner certains comportements qui pourraient avoir pour effet d'altérer le consentement : les pratiques commerciales interdites (art. L. 121-1 et suivants du Code de la consommation : jusqu'à deux ans d'emprisonnement et 150 000 euros d'amende) ; la vente forcée par correspondance (art. R. 635-2 du Code pénal).

Illustration : art. L. 121-7 du Code de la consommation

Sont réputées agressives au sens de l'article L. 121-6 les pratiques commerciales qui ont pour objet : 1° De donner au consommateur l'impression qu'il ne pourra quitter les lieux avant qu'un contrat n'ait été conclu ; [...] 3° De se livrer à des sollicitations répétées et non souhaitées par téléphone, télécopieur, courrier électronique ou tout autre outil de communication à distance ; [...] 5° Dans une publicité, d'inciter directement les enfants à acheter ou à persuader leurs parents ou d'autres adultes de leur acheter le produit faisant l'objet de la publicité ; [...].

La jurisprudence prend part à ce mouvement en faveur de la prévention des vices du consentement, notamment par l'ampleur qu'elle donne à l'obligation précontractuelle d'information (cf. fiche n° 6). Du reste, et cela est intéressant du point de vue des sources, juge et législateur peuvent développer une synergie : par exemple, l'obligation d'information en matière médicale a été d'abord jurisprudentielle, puis légale (article L. 1111-4 du Code de la santé publique).

À retenir

- Tout contrat suppose le consentement des parties.
- Ce consentement doit avoir certaines qualités pour être efficace ; à défaut, il est atteint d'un vice et le contrat n'est pas valable.
- Loi et jurisprudence tendent à prévenir les vices du consentement.

Pour aller plus loin

- L. Attuel-Mendès, « La difficile articulation entre protection classique et protection spéciale du consentement », *JCP* 2007, I, 188
- L. Attuel-Mendès, *Consentement et actes juridiques*, Litec 2008
- E. A. Caprioli, « Consentement et systèmes d'information », *RRJ* 1999/4, pp. 1075
- I. Dauriac, « Forme, preuve et protection du consentement », in *Mélanges M. Gobert*, Economica, 2004, p. 403
- O. Simon, « La nullité des actes juridiques pour trouble mental », *RTD Civ.* 1974, p. 707

POUR S'ENTRAÎNER : QUESTION DE COURS

Quelle distinction entre insanité d'esprit et vice du consentement ?

CORRIGÉ

Le consentement est indispensable à la formation du contrat, il représente l'acceptation du fait d'être engagé. Pour cette raison, il ne peut y avoir de contrat valable si le consentement est complétement absent, ou vicié. L'on distingue toutefois les deux questions de l'insanité d'esprit et de vice du consentement.

L'insanité d'esprit est visée par l'article 1129, qui renvoie à l'article 414-1 du Code civil ; autrement dit, à un titre sur la protection des majeurs. L'insanité d'esprit est donc un état assez durable, sinon permanent, qui conduit à rechercher une protection de la personne au discernement altéré.

Les vices du consentement, traités par les articles 1130 et suivants, se conçoivent comme étant ponctuels, et, surtout, liés à une opération contractuelle particulière. En d'autres termes, ce sont *a priori* des personnes parfaitement saines d'esprit dont le consentement est donné par erreur, extorqué par violence ou surpris par dol.

Fiche n° 14
L'erreur

Définitions

Errans : celui qui est dans l'erreur.

Qualité essentielle : ce qui fait l'intérêt d'une chose dans le commerce (authenticité d'une œuvre d'art par exemple).

L'erreur est la **discordance entre la réalité et la représentation** que s'en fait l'une des parties. L'erreur dont il est ici question est celle qui est dite **spontanée**, c'est-à-dire qui n'a pas été induite par les manœuvres d'une autre partie ; **l'erreur provoquée** est le **dol** (cf. fiche n° 15).

Cette erreur peut être tant de fait, que de droit (Art. 1132). Une erreur de droit est par exemple celle qui concerne l'effet ou la portée juridique d'un contrat.

La question de l'erreur, en tant que vice du consentement, est celle de savoir à quelles conditions une personne qui ne contracte que parce qu'elle se trompe, peut revenir sur son engagement. En premier lieu, l'erreur doit avoir été **déterminante**. Cette condition, d'ailleurs commune à tous les vices du consentement, se trouve à l'article 1130 du Code civil : il faut que, sans le vice, « l'une des parties n'aurait pas contracté ou aurait contracté à des conditions substantiellement différentes ». Ainsi, une erreur qui ne serait pas déterminante laisserait subsister le contrat.

Il faut encore, pour savoir si l'erreur doit conduire à la nullité du contrat, considérer le type d'erreur qui est commise : est-ce une erreur sur les qualités de la chose, objet du contrat ? Sur sa valeur ? Sur son utilité pour le contractant ? Elle dépend aussi des possibilités qu'avait l'*errans* de vaincre son erreur. Le droit ne peut pas en effet, pour préserver la sécurité des transactions, accorder un droit de repentir généralisé.

En d'autres termes, identifier une erreur, vice du consentement, suppose d'examiner le **point d'impact** de l'erreur (I), et son **caractère excusable** (II).

I. Point d'impact de l'erreur

Suivant son point d'impact, l'erreur est qualifiée **d'indifférente** – ce qui signifie qu'elle ne constitue pas un vice du consentement (A), ou **d'efficace** – elle peut alors, toutes autres conditions réunies par ailleurs, être un vice du consentement (B).

A. Erreurs indifférentes

Les **erreurs indifférentes** ne constituent pas une cause de nullité de la convention.

L'article 1134 du Code civil prévoit que l'erreur sur la **personne** du cocontractant n'est une cause de nullité que lorsque le contrat est conclu *intuitu personae*. *A contrario*, cela signifie que pour tous les autres contrats, l'erreur sur la personne du contractant est indifférente.

L'erreur sur la **valeur** de prestation ou de la chose vendue, c'est-à-dire l'inexactitude de son appréciation économique, est également indifférente : celui qui a vendu une chose trop bon marché, comme celui qui a acquis pour un prix excessif ne peuvent s'en prendre qu'à eux-mêmes (art. 1136). En revanche, en cas d'erreur sur le **prix** (erreur d'étiquetage flagrante), l'on considère qu'il n'y a pas eu de rencontre des consentements.

L'erreur sur les **motifs**, c'est-à-dire sur les finalités que l'une des parties donne à l'opération, alors même que ces motifs seraient déterminants pour une partie et connus de l'autre, est indifférente à la validité de la convention, sauf si les parties ont entendu faire de ce motif une condition de leur accord (Art. 1135). Ainsi, une vente conclue dans le but d'une défiscalisation reste valable, même s'il s'avère que cette défiscalisation est impossible. Une réserve est faite pour les motifs déterminants d'une libéralité : le père qui fait une donation à son enfant pour le récompenser d'un parcours estudiantin brillant pourrait arguer d'une erreur sur les motifs s'il s'avérait qu'en réalité l'enfant était en échec.

B. Erreurs efficaces

L'ancien article 1110 du Code civil visait l'erreur qui « tombe sur la **substance** même de la chose ». L'on enseignait que cette erreur sur la substance, ou sur les **qualités substantielles** de la chose, était en principe efficace, au contraire de celle qui ne concernait que des qualités accidentelles de la chose.

Illustration : R.-J. Pothier, *Traité des obligations*, Debure, 1768, n° 18

L'acheteur qui, croyant acquérir des chandeliers d'argent, achète des chandeliers de cuivre argenté, conclut une convention nulle, car l'erreur tombe sur la substance même de la chose. En revanche, celui qui achète un livre en le croyant excellent, alors qu'il est en dessous du médiocre, ne se trompe que sur les qualités accidentelles de la chose : la convention demeure valable.

La réforme de 2016 a introduit un changement de vocabulaire : l'article 1132 évoque l'erreur portant sur « les **qualités essentielles** de la prestation due ». Il faut comprendre ces termes comme englobant, mais dépassant, ceux de « qualité substantielle ». La nouvelle formation est plus adaptée à l'erreur portant sur une prestation de service. Même en matière de transfert de propriété, l'idée de « qualité essentielle » désigne tout ce qui fait l'intérêt de cette chose dans le commerce. Ainsi, pour un tableau, son **authenticité** est une qualité essentielle. Celui qui croit vendre une copie alors qu'il s'agit en réalité d'un travail de maître peut demander l'annulation, tout comme celui qui achèterait une toile authentique se révélant être une copie.

Toutefois, aux termes de l'article 1133, *in fine*, « l'acceptation d'un **aléa** sur une qualité de la prestation exclut l'erreur relative à cette qualité ». L'on peut ainsi imaginer qu'en matière de vente d'une œuvre d'art, il se peut que l'incertitude quant à l'authenticité soit entrée dans le champ du contrat (par exemple, le tableau est « attribué à » un grand maître). Alors, quelle que soit l'issue des expertises subséquentes, la convention ne saurait être remise en cause. Chaque partie est censée avoir accepté l'existence du doute sur l'authenticité. L'on dit que **l'aléa chasse l'erreur**.

Attention

La frontière entre l'erreur sur la valeur et les qualités substantielles est parfois très ténue. Si quelqu'un vend à un prix modeste un manuscrit ancien très rare, est-ce parce qu'il ignore que le livre en question est un ouvrage précieux, auquel cas il peut s'agir d'une erreur sur les qualités essentielles ; ou parce qu'il n'a pas idée de la valeur d'un tel bien, et c'est alors une erreur sur la valeur, indifférente ? En pratique, la qualité de l'argumentation est décisive ! La jurisprudence admet notamment qu'est efficace l'erreur sur la valeur induite par une erreur sur l'authenticité (Cass. civ. 1, 27 octobre 1964).

Enfin, même en-dehors des contrats *intuitu personae*, l'erreur sur les qualités essentielles du cocontractant est une cause de nullité. L'on doit comprendre dans ces termes les qualifications professionnelles, les aptitudes, la réputation, lorsque ces éléments sont importants pour la conclusion du contrat.

II. Le caractère excusable de l'erreur

La protection offerte au consentement par le régime de l'erreur ne dispense pas les contractants de se montrer vigilants. Les erreurs qui se révéleraient **inexcusables** ne permettraient pas d'obtenir la nullité de la convention (Article 1132).

Chacun est donc tenu de s'informer un minimum. À propos de la vente, un adage dit : « *emptor curiosus debet esse* », l'acheteur doit être curieux. Les juges prennent en compte les **aptitudes** comparées de chacun des contractants, ainsi que leur facilité d'accéder à l'information qui aurait permis d'éviter l'erreur.

L'erreur peut porter tout aussi bien sur la prestation que l'on reçoit que sur **sa propre prestation** (par exemple, erreur du vendeur d'un tableau qui ignorait qu'il s'agissait d'une toile de maître). Toutefois, l'erreur sur sa propre prestation est moins facilement excusable : il est plus facile de s'informer sur ce que l'on offre.

Le caractère excusable ou inexcusable de l'erreur doit être recherché *in concreto*, c'est-à-dire dans l'état d'esprit des parties lors de la conclusion du contrat, en prenant en compte notamment leur profession, si elle est liée à l'objet du contrat. Si l'information donnée par une partie a suscité l'erreur du cocontractant, alors l'erreur n'en sera que plus facilement considérée comme excusable (l'on dit que **l'erreur provoquée** est toujours excusable).

Illustration : Cass. Civ. 1, 8 décembre 2009, n° 08-16471

Un antiquaire achète aux enchères une coupe de cristal montée sur un socle en bronze. Il refuse par la suite de prendre livraison de l'objet et d'en payer le prix, prenant comme argument son mauvais état, et demande l'annulation de la vente. La Cour d'appel le déboute, au vu de sa qualité d'antiquaire. La Cour de cassation casse l'arrêt : les juges du fond, nonobstant la profession de l'acheteur, auraient dû rechercher si les indications du catalogue de vente notamment ne justifiaient pas que l'acheteur ait été dans la croyance erronée que l'objet était en bon état.

À retenir

- L'erreur, pour être efficace, doit porter sur les qualités essentielles de la prestation ou sur celle du contractant, et être excusable.
- Elle doit en outre être déterminante, au sens où l'une des parties, sans cette erreur, n'aurait pas contracté.
- L'erreur qui ne porterait pas sur de telles qualités, comme l'erreur sur la valeur, ou qui serait inexcusable, est indifférente.

Pour aller plus loin

- R. Decottignies, « L'erreur de droit », *RTD Civ.* 1951, p. 309
- T. Genicon, « Erreur sur la rentabilité économique : erreur indifférente sur la valeur ou erreur substantielle ? », *RDC* 2012/1, p. 64
- G. Goubeaux, « À propos de l'erreur sur la valeur », in *Études J. Ghestin : Le contrat au début du XXIe siècle*, LGDJ 2001, p. 389
- G. Vivien, « De l'erreur déterminante et substantielle », *RTD Civ.* 1992, p. 305.
- R. Wintgen, « De l'erreur sur les motifs », *JCP G* 2003, II 10134.

POUR S'ENTRAÎNER : CAS PRATIQUE

Monsieur Clockwise, un bijoutier, a remarqué que Madame Expilly portait une bague ancienne, avec une très belle émeraude. Apprenant qu'elle était prête à s'en défaire, il lui en a offert un certain prix, qu'il a prétendu être très bon, soutenant que sa générosité s'expliquait par le fait que Madame Expilly était une fidèle cliente. Elle a accepté de céder sa bague au bijoutier, non sans lui dire tout ce qu'elle savait sur cette bague : le fait que son arrière-arrière-grand-mère eût acheté cette émeraude exceptionnelle aux Indes, etc.

Le prix est payé, la bague est remise dans les mains du bijoutier. Renseignement pris, la somme offerte par le professionnel couvre à peine la valeur de l'or, et est donc de trois fois inférieure à la valeur réelle de la bague. Madame Expilly peut-elle invoquer son erreur pour faire annuler le contrat ?

CORRIGÉ

Madame Expilly a commis une erreur sur la valeur de la bague qu'elle vendait, donc une erreur sur la valeur de sa propre prestation.

L'article 1136 dispose que « L'erreur sur la valeur par laquelle, sans se tromper sur les qualités essentielles de la prestation, un contractant fait seulement de celle-ci une appréciation économique inexacte, n'est pas une cause de nullité ». Le jugement erroné sur la valeur de la bague ne découle pas d'une méconnaissance des qualités essentielles de celle-ci, car la venderesse montre qu'elle connaît bien l'objet qu'elle vend.

Madame Expilly ne peut donc invoquer son erreur, en ce qu'elle porte sur une qualité non essentielle de la bague, pour obtenir la nullité du contrat, alors même qu'il pourrait aisément être démontré qu'une telle erreur a été déterminante. En outre, cette erreur n'est certainement pas excusable, Madame Expilly pouvant aisément faire estimer la valeur de sa bague. Reste à savoir si elle pourrait invoquer les mensonges du bijoutier au titre du dol...

Fiche n° 15
Le dol

I. Les manœuvres dolosives ou les mensonges
II. L'erreur provoquée

Définitions

Dol : fait pour un contractant d'obtenir le consentement de l'autre par des manœuvres ou des mensonges (Art. 1137).

Dol incident : par opposition au dol principal, c'est le dol qui n'influe pas sur la volonté de conclure un contrat, mais sur l'acceptation de certaines conditions du contrat.

Dommages et intérêts : somme d'argent accordée à une victime et destinée à compenser un préjudice.

Le droit civil appelle « erreur » une **erreur spontanée** ; il nomme « **dol** » une erreur qui est **provoquée** par des **manœuvres** de l'autre partie. Le dol est en premier lieu un **vice du consentement** : la partie qui en est victime peut demander **l'annulation du contrat.** Le dol est également une **faute civile**, qui oblige à la **réparation** du préjudice causé, au moyen de **dommages et intérêts.** La victime d'un dol peut **cumuler** ces actions en annulation et en réparation, à moins qu'elle ne préfère (ou ne puisse dans certains cas) exercer l'une seulement.

L'article 1137 du Code civil dispose : « *Le dol est le fait pour un contractant d'obtenir le consentement de l'autre par des manœuvres ou des mensonges. Constitue également un dol la dissimulation intentionnelle par l'un des contractants d'une information dont il sait le caractère déterminant pour l'autre partie* ».

L'on peut déduire de cet article deux conditions du dol, nécessaires à sa sanction : d'une part, il réside dans un comportement particulier de l'un des cocontractants, les **manœuvres dolosives** ou les mensonges (I). D'autre part, ces manœuvres doivent avoir permis d'obtenir le consentement de l'autre partie, donc provoqué une **erreur**, qui doit réunir certaines qualités (II).

I. Les manœuvres dolosives ou les mensonges

Les **manœuvres** ou les **mensonges** doivent satisfaire certaines conditions pour que le droit considère qu'effectivement, l'erreur a été provoquée par le comportement du cocontractant.

Par « manœuvres », l'on vise des actes destinés à cacher, à maquiller, à transformer la réalité aux yeux du cocontractant. Le **simple mensonge** ne suffit pas ; en revanche, la multiplication des mensonges (le Code comporte bien le pluriel), est prise en considération. Ces manœuvres ou ces mensonges doivent en outre être **illicites** : l'on a toujours considéré que la mise en valeur d'un produit par un commerçant, ou l'exagération de ses qualités par une publicité, correspondait à un *dolus bonus*, un bon dol, celui qui s'y ferait prendre ne méritant pas la protection du juge.

Quant à **l'auteur** des manœuvres, elles doivent émaner du contractant, ou avoir été effectuées à la demande du contractant, ou émaner d'une personne liée au contractant. (L'article 1138 vise le représentant, le gérant d'affaires, le préposé, le porte-fort du contractant, ou un tiers de connivence). Toute manœuvre qui serait faite par un tiers aucunement lié au contractant entraînerait éventuellement la qualification d'erreur, mais non de dol.

En outre, ces manœuvres ou ces mensonges doivent être pratiquées dans le **but** de provoquer dans le chef du cocontractant une erreur de nature à vicier son consentement : **l'intention** importe.

Illustration : Cass. Civ. 1, 22 juin 2004, n° 01-17258

Un couple propose à un ami d'acquérir un lot de statuettes d'une certaine valeur. Celui-ci refuse, mais accepte de conserver en dépôt ces statuettes. Un tiers se présente, et offre une coquette somme pour ces objets. Celui qui les avait en dépôt, alléché par la perspective de réaliser un bénéfice, accepte l'offre de vente émanant du couple. Et le tiers, acheteur potentiel, ne se présente pas ; les statuettes ne valent pas le prix payé. Il s'avère que le couple, et ce tiers, ont agi de manière concertée. Est-ce un dol ? La Cour de cassation l'affirme : alors même que les manœuvres proviennent d'un tiers au contrat, il agissait en lien avec l'une des parties.

La jurisprudence a introduit dans la conception du dol un infléchissement important, en admettant la **réticence dolosive**, afin de renforcer les devoirs d'information entre cocontractants. La réforme de 2016 a consacré dans l'article 1137 cette réticence dolosive : il s'agit de dissimuler intentionnellement une information, tout en sachant qu'elle aura un effet déterminant sur le consentement de l'autre partie. Sans qu'il ne soit nécessaire d'évoquer une obligation d'information, l'on se focalise sur l'intention de celui qui omet de révéler une information. Un oubli non-intentionnel ne saurait constituer un dol.

En outre, la jurisprudence est réticente à sanctionner la réticence dolosive en cas d'erreur sur sa propre prestation, quand elle serait néanmoins exploitée par l'autre partie.

Illustration : Cass. Civ. 3, 17 janvier 2007, n° 06-10442

Une personne, agriculteur devenu manœuvre de son état, consent à un agent immobilier une promesse de vente de sa maison, pour un prix bien inférieur à sa valeur marchande. La Cour d'appel voit là une réticence dolosive de la part de l'acquéreur, qui aurait dû délivrer l'information sur la valeur de la maison, qu'il était le seul des contractants à détenir. Les hauts magistrats cassent cet arrêt, en ce « que l'acquéreur, même professionnel, n'est pas tenu d'une obligation d'information au profit du vendeur sur la valeur du bien acquis ».

II. L'erreur provoquée

L'article 1130 Code civil pose en principe l'exigence du caractère **déterminant** des vices du consentement, et notamment du dol. En d'autres termes, le dol ne cause de nullité que s'il peut être établi que, sans ce dol, le cocontractant n'aurait pas consenti au contrat, ou alors à des conditions très différentes. Un contentieux illustre particulièrement ceci : les contrats de travail ne sont pas annulés malgré le mensonge d'un candidat sur son CV, corroboré par des comportements pouvant être assimilés à des manœuvres, dès lors que l'on peut établir que, nonobstant le mensonge, le profil du candidat correspondait au poste et lui permettait d'être choisi.

Ceci dit, il importe peu que l'erreur tombe, ou non, sur la substance de la chose ou l'une de ses qualités substantielles, ou sur les qualités essentielles d'une prestation, ou sur un simple motif ; en outre, l'erreur résultant du dol est toujours **excusable** (art. 1139).

La doctrine a présenté une distinction, fréquemment critiquée, entre le **dol incident** et le **dol principal.** Le dol principal se rencontre lorsque, sans les manœuvres, le contrat n'aurait pas du tout été conclu. Le dol incident suppose des manœuvres qui n'ont pas déterminé la conclusion du contrat elle-même, mais les conditions de ce contrat. Une conséquence serait tirée quant au régime du dol : là où le dol principal permet l'annulation du contrat ou l'octroi du dommage et intérêt (ces deux sanctions pouvant être cumulées), le dol incident n'autoriserait que l'indemnisation.

À retenir

- Le dol correspond à une erreur provoquée. Il suppose des manœuvres, des mensonges, ou une réticence dolosive.

- Le dol doit être déterminant, en ce que le contractant victime n'aurait pas contracté, ou alors à des conditions radicalement différentes, sans les manœuvres ou les mensonges.
- Le dol est sanctionné par la nullité du contrat et par l'octroi de dommages et intérêts.

Pour aller plus loin

- D. Bakouche, « La prétendue inconsistance de la distinction du dol principal et du dol incident », *JCP G* 16 Juillet 2012, 851
- G. Lardeux, « La réticence dolosive n'est pas un dol comme les autres », *D.* 2012, p. 2986
- S. Le Gac-Pech, « L'obligation d'information : omniprésente, mais en mal de reconnaissance ? », *RLDC* 2012/97, p. 87.
- Y. Ould Aklouche, « La sanction du dol », *LPA* 22 janvier 2013, p. 5

POUR S'ENTRAÎNER : QCM

1) En principe, un simple mensonge unique ne suffit pas à caractériser le dol.
   a. Vrai
   b. Faux
2) Pour invoquer avec succès le dol, un demandeur doit prouver que l'erreur qui en est issue a été :
   a. Sur les qualités substantielles
   b. Déterminante
   c. Inexcusable
   d. Invincible
3) Pour qu'une réticence dolosive soit admise, il faut que celui à qui on l'impute :
   a. Connaisse le caractère déterminant pour l'autre partie de l'information dissimulée
   b. Connaisse l'information que l'on lui reproche de dissimuler
   c. Dissimule intentionnellement l'information
4) Le cocontractant qui n'a contracté qu'en raison du dol (principal) de l'autre partie peut demander :
   a. Des dommages et intérêts
   b. L'annulation du contrat

CORRIGÉ

1) a (l'article 1137 met le terme « mensonge » au pluriel. ; 2) b (Article 1130 du Code civil) ; 3° a., b., c. ; 4 a., b.

Fiche n° 16
La violence

Définition

Violence : contrainte qui inspire à une partie la crainte d'exposer sa personne, sa fortune ou celles de ses proches à un mal considérable (Art. 1140).

Appréciation *in concreto* : mode d'appréciation qui a égard aux circonstances particulières de l'espèce, notamment aux dispositions psychologiques des protagonistes. Au contraire, l'appréciation *in abstracto* suppose un raisonnement dans l'abstrait.

Le contractant victime de dol ou d'erreur est, au moment de la conclusion du contrat, persuadé qu'il agit dans le sens de ses intérêts propres. Tout autre est la situation de celui qui est victime de **violence**, et qui choisit de contracter contre ses intérêts : de deux maux, il choisit le moindre, et le contrat n'est pour lui qu'un moyen d'échapper à une situation qui serait pire.

L'article 1140 décrit ainsi la violence : « Il y a violence lorsqu'une partie s'engage sous la pression d'une contrainte qui lui inspire la crainte d'exposer sa personne, sa fortune ou celles de ses proches à un mal considérable ».

Attention

Le mot « violence », dans ce contexte, concerne plutôt ce que le droit pénal nommerait menace, ou contrainte.

Ainsi, un acte actuel de **violence physique** entraînerait plus un défaut complet de consentement qu'un vice du consentement.

La violence, comme les autres vices du consentement, entraîne la **nullité** de l'acte ; comme le dol, elle est un **délit civil**, ce qui signifie que la victime peut obtenir des **dommages et intérêts**.

La notion de violence est en pleine expansion : la jurisprudence et une large part de la doctrine ont admis, à côté de la conception traditionnelle de la violence, une **violence économique ;** elle a été consacrée par la réforme de 2016.

D'une manière générale, le vice de violence se définit par des **actes de violence** (I), inspirant une **crainte** (II).

I. Les actes de violence

L'article 1140 assimile la violence à une **contrainte.** Dans son acception courante, au sens premier, la contrainte est une gêne : c'est bien de cela qu'il s'agit : le libre consentement est entravé par l'acte de violence.

Cette contrainte, cette violence – et il s'agit là d'une différence notable d'avec le dol – peut être exercée par l'autre partie, ou par un tiers, qui n'aurait aucun lien avec l'autre partie (Art. 1143).

Cette prise en compte de la violence exercée par un tiers complet au contrat, mais qui néanmoins contraint la volonté de celui qui s'engage, ouvre la porte à la prise en compte de la violence économique. Ainsi, le contractant qui **exploiterait** la **situation de faiblesse** ou de **dépendance économique** de l'autre partie commettrait une violence.

En effet, l'article 1143 dispose qu'« Il y a également violence lorsqu'une partie, abusant de l'état de dépendance dans lequel se trouve son cocontractant, obtient de lui un engagement qu'il n'aurait pas souscrit en l'absence d'une telle contrainte et en tire un avantage manifestement excessif ». Cette formule est directement inspirée de travaux doctrinaux nationaux ou européens.

Attention

Pour caractériser un acte de violence économique, outre le caractère déterminant, deux points doivent être démontrés : la situation de faiblesse ou de dépendance économique d'une part, et l'exploitation abusive de cette situation d'autre part.

Illustration : Cass. Civ. 1, 3 avril 2002, n° 00-12932

La salariée d'une maison d'édition, qui a cédé à son employeur ses droits d'exploitation d'un dictionnaire qu'elle a réalisé, se ravise après son licenciement et demande l'annulation de la cession. La Cour d'appel accueille sa demande, en ce que son statut de salariée la plaçait, au moment de la cession, dans une situation de dépendance économique vis-à-vis de son employeur, le cocontractant. L'arrêt est cassé : les Hauts magistrats estiment que « seule l'exploitation abusive d'une situation de dépendance économique, faite pour tirer profit de la crainte d'un mal menaçant directement les intérêts légitimes de la personne, peut vicier de violence son consentement ».

En outre, à ces caractères des actes de violence, que l'on pourrait qualifier de matériels, l'on doit ajouter un caractère proprement **juridique**. La violence, pour vicier le consentement, doit être **illégitime**. Il n'y a pas de violence à menacer une personne d'exercer contre elle des voies de droit si elle ne déférait pas à quelque injonction, du moins tant que l'on ne **détourne pas** ou que l'on **n'abuse pas** de ces possibilités juridiques (Art. 1141). Ainsi, il est parfaitement possible qu'un créancier menace son débiteur récalcitrant de saisir ses biens pour obtenir un payement (Cf. Cass. Civ. 3, 17 janvier 1984, pourvoi n° 82-15753).

II. La crainte inspirée

La **crainte** que les menaces inspirent est le pivot du **vice de violence**. L'objet de cette crainte peut concerner indifféremment la personne du contractant, sa fortune, ou ses proches (art. 1140). Cette crainte ne doit pas être anodine : le Code évoque un « mal considérable ».

Deux modes d'appréciation de cette crainte sont concevables. Une appréciation ***in concreto*** suppose de chercher quel a été l'état d'esprit de la personne se disant victime de violence. Une appréciation ***in abstracto*** conduit à se demander quelle crainte aurait conçue une personne abstraite, dans les mêmes circonstances.

L'article 1130, concernant tous les vices du consentement, invite à apprécier le caractère déterminant (et donc le niveau de crainte inspirée) « eu égard aux personnes et aux circonstances dans lesquelles le consentement a été donné ». L'article 1140 utilise le pronom « lui », pour viser le contractant victime de la violence. Indubitablement, c'est donc plutôt vers une appréciation ***in concreto*** qu'il faut se tourner. Les juges prennent en compte toutes les spécificités de la situation de fait, des dispositions psychologiques de la victime à sa situation économique.

Cela est en ligne avec la jurisprudence antérieure à la réforme qui, malgré des textes d'appui plus ambigus, avait opté pour cette appréciation *in concreto*.

Illustration : Cass. Soc. 30 janvier 2013, n° 11-22332

Une secrétaire-comptable signe avec son employeur une rupture conventionnelle de son contrat de travail. Elle demande par la suite l'annulation de l'acte de rupture conventionnelle, estimant l'avoir signé sous l'emprise d'une violence caractérisée par un harcèlement moral. La Cour de cassation approuve la Cour d'appel d'avoir accueilli cette demande, en estimant « que la salariée était au moment de la signature de l'acte de rupture conventionnelle dans une situation de violence morale du fait du harcèlement moral dont elle a constaté l'existence et des troubles psychologiques qui en sont résultés ».

Néanmoins, cette appréciation *in concreto* ne saurait ouvrir la voie de l'annulation aux contractants qui auraient fantasmé une crainte assise sur bien peu de choses. D'une manière générale, une simple insistance, ou des propos qui n'auraient pas dû troubler la victime, ne sont pas constitutifs de violence.

À retenir

- La violence est un vice du consentement permettant l'annulation des contrats conclus par une partie pour échapper à une menace.
- Les éléments du vice de violence sont appréciés *in concreto*.
- L'abus de la dépendance économique de la victime est une violence.

Pour aller plus loin

- P. Ancel, « Article 1142 : violence économique », *RDC* 2015/3, p. 747
- M. Chagny, « Les contrats d'affaires à l'épreuve des nouvelles règles sur l'abus de l'état de dépendance et le déséquilibre significatif », *AJCA* 2016, p. 115
- R. Demogue, « De la violence comme vice du consentement », *RTD Civ.* 1914, p. 435
- B. Edelman, « De la liberté et de la violence économique », *D.* 2001 p. 2315
- Y. Guenzoui, « La crainte révérencielle », *D.* 2010 p. 904
- B. Montels, « La violence économique, illustration du conflit entre droit commun des contrats et droit de la concurrence », *RTD com.* 2002, p. 417
- C. Nourissat, « La violence économique, vice du consentement : beaucoup de bruit pour rien ? », *D.* 2000, p. 369

POUR S'ENTRAÎNER : CAS PRATIQUE

Monsieur Thénardier est propriétaire bailleur ; la jeune Cosette loue l'un de ses appartements meublés. Cosette a un mois de loyer de retard. Thénardier menace de la traîner devant les tribunaux pour cela, et de la faire expulser… à moins qu'elle n'accepte de lui céder, pour solde de tous comptes, toute une série de souvenirs de famille qu'elle possède, pour un prix qui s'avère dérisoire. Cosette, craignant de se retrouver à la rue, accepte. Elle se ravise ensuite, et se demande si elle peut faire annuler ce contrat de cession.

CORRIGÉ

Le vice du consentement envisageable est la violence : Cosette a accepté le contrat qu'elle savait désavantageux seulement pour échapper à un mal plus grand. Caractériser ce vice suppose de considérer les actes de violence eux-mêmes, et la crainte qu'ils inspirent.

En l'espèce, Thénardier la menace d'exercer des voies de droit – ce qui, a priori, n'est pas une violence illégitime : ce n'est que la stricte application de la loi. Néanmoins, cette menace a pour but d'obtenir un avantage manifestement excessif (la cession à bas prix de certains objets) qui n'a pas de rapport avec l'engagement primitif (le payement d'un mois de loyer) : la voie du droit est détournée de son but (Voir l'article 1141 du Code civil, et, avant la réforme, Civ. 3, 17 janv. 1984 ; Bull. civ. III, n° 13).

Pourrait également être invoqué l'article 1143 du Code civil, qui caractérise l'abus d'une situation de dépendance économique. Nul doute que Cosette, qui dépend de Thénardier pour son logement, est dans une situation de dépendance économique. Ce n'est que devant la crainte d'être expulsée qu'elle consent la cession à des conditions désavantageuses, et l'avantage manifestement excessif retiré par son bailleur établit l'abus de l'état de dépendance – ce qui est une violence.

Encore faut-il, pour que le contrat soit annulé, que la crainte inspirée remplisse les conditions de l'article 1140. En l'espèce, Cosette a bien des craintes pour sa personne (crainte de l'expulsion). En outre, il ressort bien des faits de l'espèce que la violence a été déterminante pour la conclusion du contrat dont la validité est contestée (art. 1130 du Code civil, qui invite à apprécier ce caractère au regard des personnes et des circonstances, l'on pourra ici noter le jeune âge de Cosette). Il est donc, au final, très probable que le contrat de vente soit annulé pour vice de violence.

Fiche n° 17

La capacité

Définitions

Majeur protégé : personne physique ayant atteint l'âge de la majorité, mais placée sous un régime de protection à cause d'une altération de ses facultés (l'on parlait auparavant d'incapable).

Mineur : personne physique n'ayant pas atteint l'âge de la majorité.

Lésionnaire : à propos d'un contrat, adjectif signifiant déséquilibré, et donc préjudiciable à une partie.

L'étude de la **capacité** est souvent menée en creux de celle de la **protection des majeurs**, en droit des personnes. Particulièrement, l'on laisse à cette matière la détermination des pouvoirs respectifs de la personne protégée et de ceux qui l'assistent ou la représentent, et les conditions d'ouverture d'un **régime de protection.**

Néanmoins, le droit des contrats ne saurait ignorer la question de la capacité ; le Code civil l'envisage comme l'une des conditions essentielles pour la validité des conventions.

L'on peut d'abord rappeler que **la capacité est le principe** (art. 1145 : « Toute personne physique peut contracter sauf en cas d'incapacité prévue par la loi ») ; les personnes morales ont une capacité limitée par le principe de spécialité. Le défaut de capacité n'est que l'exception (art. 1146 : « Sont incapables de contracter, dans la mesure définie par la loi : les mineurs non émancipés ; les majeurs protégés au sens de l'article 425 »).

L'incapacité n'est en rien une sanction, c'est une mesure de **protection.** Seule la personne protégée par l'incapacité peut demander la nullité du contrat ; celui qui a contracté avec un mineur ou une personne protégée, sciemment ou non, ne peut le remettre en cause sur ce fondement (art. 1147).

Attention

Il ne faut pas confondre la question de la capacité et celle du consentement – l'hésitation naît parfois de ce que, dans un cas comme dans l'autre, un trouble mental peut être en cause. Lorsqu'une altération du jugement est très fugace, ou tant qu'une mesure de protection n'est pas mise en place, l'on évoque le défaut de consentement (art. 414-1) ; lorsque l'altération des facultés d'une personne dure dans le temps, et nécessite la mise en place d'un régime de protection, le sort des contrats conclus pose la question de la capacité.

La capacité étant le principe, c'est en réalité l'incapacité qu'il faut étudier. L'on distingue deux types d'incapacités : les **incapacités de jouissance** (I), et les **incapacités d'exercice** (II).

I. Les incapacités de jouissance

L'incapacité de jouissance est l'impossibilité, pour une personne, d'être titulaire d'un droit. Elle est nécessairement spéciale – c'est-à-dire que son domaine est limité. Une incapacité de jouissance générale serait la négation même de la personnalité juridique.

Le législateur a édicté des incapacités de jouissance soit pour **protéger** une personne d'actes trop dangereux pour elle, soit par **méfiance** envers certaines personnes, pour les empêcher de conclure des actes risquant d'être néfastes pour les autres.

Illustration : quelques incapacités de jouissance, « de protection »

Art. 903 et 904 : le mineur de moins de seize ans ne peut faire de donations ou de testament ; à partir de seize ans, il peut faire un testament, mais seulement pour la moitié de ce dont un majeur pourrait disposer.

Art. L. 121-2 du Code de commerce : le mineur émancipé ne peut être commerçant que par une autorisation judiciaire expresse.

Illustration : quelques incapacités de jouissance, « de méfiance »

Art. 909 : les soignants d'une personne lors de la maladie dont elle meurt ne peuvent recevoir de donations, ou bénéficier de legs.

Art. 1596 : un mandataire ne peut acquérir un bien qu'il est chargé de vendre.

II. Les incapacités d'exercice

L'incapacité d'exercice est l'impossibilité, pour une personne, **d'exercer elle-même et seule** un droit dont elle est titulaire. Deux catégories de personnes ne disposent pas de leur pleine capacité d'exercice : les **mineurs** et les **majeurs protégés**.

Les uns comme les autres peuvent néanmoins accomplir seuls « les actes courants autorisés par la loi ou l'usage, pourvu qu'ils soient conclus à des conditions normales » (art. 1148).

A. La minorité

Le **mineur non émancipé** est frappé d'une incapacité générale d'exercice ; il doit donc, en principe, être **représenté** pour tous les actes juridiques, et ne peut conclure seul un contrat. Les représentants du mineur sont ses **administrateurs légaux** (ses parents) ou un **tuteur**.

En réalité, la protection des mineurs est à trois niveaux.

Le mineur peut faire seul les **actes de la vie courante autorisés par l'usage** (art. 389-3) : accepter de l'argent de poche et s'acheter des bonbons, par exemple !

Pour les actes un peu plus graves (**actes conservatoires, actes d'administration**), le mineur est censé être représenté ; mais, s'il les accomplit seul, les actes ne seront annulés que s'ils se révèlent **lésionnaires**, c'est-à-dire déséquilibrés à son détriment (cf. fiches n° 20 et n° 25, et article 1149 du Code civil).

Pour les actes les plus graves, les **actes de disposition** (vente ou achat d'immeuble...), l'acte est **nul** du seul fait de la minorité – peu important qu'il soit lésionnaire ou non.

B. La protection des majeurs

Trois régimes de protection des majeurs existent : la **sauvegarde de justice**, la **curatelle** et la **tutelle**.

La **sauvegarde de justice** laisse une pleine capacité à la personne qu'elle concerne ; seulement, si elle conclut un contrat déséquilibré, c'est-à-dire **lésionnaire**, elle pourra en obtenir la **rescision** (qui est une forme d'annulation) ; si elle conclut un contrat **excessif** par rapport à ses besoins ou à ses moyens, son engagement pourra être **réduit**.

La **curatelle** concerne des personnes dont les facultés sont plus sévèrement altérées. La personne sous curatelle peut faire seule les actes les moins graves, mais doit être **assistée** de son curateur pour les actes plus importants. Les actes qu'elle a la possibilité de faire seule peuvent être **rescindés pour lésion** ou **réduits pour excès** ; ceux qui nécessiteraient l'assistance du curateur mais qu'elle a faits seule peuvent être **annulés**.

La **tutelle** s'applique aux personnes qui voient leurs facultés pratiquement annihilées. La personne concernée doit être **représentée** par son tuteur pour tous les actes de la vie civile, elle ne peut faire seule que les actes de la vie courante. Les autres actes qui seraient conclus par la personne protégée sans la représentation de son tuteur sont **nuls de plein droit**.

À retenir

- La capacité est la règle, l'incapacité l'exception.
- L'incapacité de jouissance est l'impossibilité pour une personne d'être titulaire d'un droit.
- L'incapacité d'exercice est l'impossibilité pour une personne d'exercer un droit dont elle est titulaire, soit en raison de sa minorité, soit en raison de la mesure de protection dont elle est le sujet.

Pour aller plus loin

- H. Claret, « L'illettré et l'acte juridique : l'impossible adéquation », *RRJ* 2002/4. p. 1777
- A. Dumery, « La sanction des actes passés par le mineur non émancipé : bilan et perspectives », *Gaz. Pal.* 8 janvier 2009, p. 4.
- S. Godelain, *La capacité dans les contrats*, th. Fondation Varenne, 2007
- I. Maria, *Les incapacités de jouissance. Étude critique d'une catégorie doctrinale*, th. Defrénois 2010.

POUR S'ENTRAÎNER : QUESTION DE COURS

Un contrat conclu malgré un défaut de capacité est-il toujours annulé ?

CORRIGÉ

La capacité étant l'un des éléments essentiels à la formation du contrat, son défaut est, effectivement, un obstacle à la validité du contrat, et la nullité du contrat sera souvent la seule issue possible. Ainsi, lorsque l'incapacité est de jouissance, puisqu'une telle incapacité concerne l'impossibilité d'être titulaire d'un droit, nulle autre alternative n'existe.

Alors même que la capacité ne serait que d'exercice, l'acte passé, par exemple, par une personne sous tutelle, alors qu'elle aurait dû être représentée, est nul également.

L'article 1151 prévoit deux cas permettant de faire obstacle à l'annulation. Le premier cas est celui dans lequel l'acte était utile à la personne protégée et exempt de lésion, ou qu'il a profité à cette personne. Le second est la confirmation de l'acte par le cocontractant devenu ou redevenu capable.

Enfin, les actes courants dits « d'usage » peuvent être accomplis même par les personnes largement privées de capacité, comme les mineurs, ou les majeurs sous protection (Art. 1148).

Fiche n° 18
Cause et objet, notions abandonnées

Définitions

Répétition : réclamation par une personne de ce qu'elle a versé sans que cela ne soit dû.

Mobile déterminant : motif particulier qui pousse un contractant à s'engager.

Commercialité : caractère des choses qui sont dans le commerce, c'est-à-dire à propos desquelles le droit n'interdit pas la conclusion de contrats.

Attention

Cette fiche fait référence à l'état du droit avant la réforme de 2016.

La connaissance du droit antérieur est utile pour deux raisons. La première est que la notion de « contenu » du contrat est forgée pour partie en considération des anciennes notions de cause et d'objet : parfois, les mots changent, mais les choses restent. La seconde est qu'ainsi qu'en dispose le second alinéa le l'article 9 de l'ordonnance du 10 février 2016, « Les contrats conclus avant cette date [le 1er octobre 2016] demeurent soumis à la loi ancienne ». Les praticiens auront donc à connaître pendant de nombreuses années des litiges élevés sur le fondement des dispositions relatives à la cause, qui se subdivise en cause de l'obligation (I) et cause du contrat (II) et à l'objet (III).

I. La cause de l'obligation

L'article 1131 ancien disposait que « l'obligation sans cause ou sur une fausse cause, ou sur une cause illicite, ne peut avoir aucun effet ».

La **cause de l'obligation** est essentiellement **objective** ; cela signifie qu'il n'est absolument pas nécessaire, pour l'identifier, de pénétrer dans la psychologie des parties. Bien au contraire, elle est **abstraite**, et **identique** pour chaque type de convention. Elle peut se définir comme la **contrepartie** de l'engagement qui est pris. Ainsi, dans une vente, la cause de l'obligation de donner la chose est le prix ; la cause de l'obligation de payer le prix est la chose.

La cause de l'obligation protège **l'équilibre du contrat**, son **utilité pour les parties**, sa **conformité** aux attentes de chacune d'elles – elle protège principalement l'intérêt privé.

A. Identification de la cause de l'obligation

La manière d'apprécier l'existence d'une contrepartie diffère selon la nature de la convention. L'on retrouve ici l'un des principaux intérêts à la classification des contrats. Ainsi, lorsqu'un contrat est **synallagmatique**, l'obligation de chaque contractant trouve sa cause dans **l'obligation de l'autre**.

Lorsque le contrat est **unilatéral**, il n'est pas possible d'adopter la même analyse. Il faut alors distinguer : pour les contrats fondés sur l'*animus donandi*, comme la donation, la cause réside dans **l'intention libérale** de celui qui s'oblige. Pour les contrats réels, la **tradition de la chose** suffit à causer l'obligation de restitution.

La question de la cause concernant la **validité** du contrat (et non son exécution), l'appréciation de la cause doit se faire à la **date de conclusion** du contrat.

B. Cause inexistante, fausse cause, cause illicite

Si l'on cherche à dresser une typologie des cas dans lesquels une obligation est jugée sans cause, l'on peut arriver à distinguer la **cause inexistante**, la **fausse cause** et la **cause illicite**.

La **cause inexistante** se rencontre lorsque l'obligation d'une partie est dépourvue **d'objet** : l'engagement de l'autre partie est nul, faute de cause (sur la notion d'objet, cf. fiche n° 20). À l'absence de cause, la jurisprudence assimile la **contrepartie dérisoire**. C'est encore l'absence de cause qui justifierait la nullité du **contrat aléatoire**, lorsque l'aléa n'existe pas.

La **fausse cause** est celle qui n'existe que dans l'esprit d'une partie ou des deux. Lorsque l'une des parties se trompe sur l'existence de la cause, par exemple lorsqu'elle imagine que, contre rémunération, une aide substantielle va lui être apportée pour créer une entreprise, alors qu'il n'en est rien, l'on pourrait hésiter entre deux qualifications. Est-ce une erreur, qui porte sur la prestation du cocontractant ? Est-ce un défaut de cause ? En réalité, il faut estimer qu'il s'agit là d'un cas de « fausse cause » ; l'intérêt de cette qualification est que, alors même que l'erreur serait inexcusable, le contrat pourrait néanmoins être annulé.

La **cause illicite** est celle qui repose sur l'obtention d'une contrepartie que le droit met, pour diverses raisons, hors commerce : corps d'autrui, écrits négationnistes, stupéfiants...

Que la cause soit inexistante, fausse, ou illicite, la sanction est identique : le contrat est **nul**. L'obligation fondée sur une telle cause ne doit pas être exécutée ; si elle l'a été, une **répétition** est possible.

II. La cause du contrat

L'article 1108 ancien posait une exigence, pour la validité du contrat, d'« une cause licite dans l'obligation ».

Contrairement à la cause de l'obligation, la **cause du contrat** est essentiellement **subjective** : elle ne s'établit que par l'étude des **motivations** de chaque contractant. On la définit comme le **mobile déterminant** des parties, ou de l'une d'elles.

Chaque contrat particulier a sa cause subjective ; d'ailleurs, les parties à un même contrat lui donnent souvent chacune une cause différente. La cause du contrat se définissant comme le **mobile déterminant** des parties, ou de l'une d'elles, elle ne peut être établie *ne varietur* pour chaque contrat spécial. Lors du contrat de vente d'un bien immobilier, le mobile déterminant du vendeur peut tout aussi bien être la réponse à un besoin pressant de liquidités, que le souhait de se défaire d'un bien inutile ; celui de l'acheteur peut résider potentiellement dans l'établissement de son logement, ou d'une activité que la loi réprouve...

En d'autres termes, la cause du contrat est **l'utilité** que chaque partie trouve à l'opération contractuelle.

La cause du contrat réside dans le **mobile déterminant**, et non dans les **simples motifs**... Ainsi, un contrat n'est pas nul seulement parce qu'il est lié, de près ou de loin, à une motivation illicite ou immorale ; il faut que de telles considérations aient déterminé la décision de la personne de contracter.

L'article 1133 ancien du Code civil disposait que : « *la cause est illicite, quand elle est prohibée par la loi, quand elle est contraire aux bonnes mœurs ou à l'ordre public* ». Si la cause de l'obligation est une sorte d'outil de justice contractuelle, la cause du contrat est plutôt une manière de faire respecter des **normes sociales supérieures** : c'est ici **l'intérêt général**, et non les intérêts particuliers, qui est en jeu.

La cause contraire aux **bonnes mœurs** est dite **immorale** ; celle contraire **à la loi** ou à l'ordre public est dite **illicite**.

Les jugements concernant la **licéité** ou la **moralité** de la cause des contrats varient beaucoup avec l'évolution de la société. Désormais, ce qui n'a pas toujours été le cas, l'on reconnaît que n'ont pas une cause illicite les contrats de courtage matrimonial, alors même qu'ils seraient conclus par une personne déjà engagée dans les liens du mariage, ou les libéralités entre concubins, alors même qu'il s'agirait d'un concubinage adultère (sur ce point, les libéralités par testament suivent le régime des conventions).

III. L'objet du contrat

L'article 1108 ancien du Code civil exigeait: « un **objet** certain qui forme la matière de l'engagement ». Une précision donnée par l'article 1126 ancien était ambiguë : il disposait que « tout contrat a pour objet une chose qu'une partie s'oblige à donner, ou qu'une partie s'oblige à faire ou à ne pas faire ». Une **prestation**, voire une **abstention**, est donc tout autant objet de contrat qu'une chose à remettre.

Attention

Par le terme d'objet, il ne faut pas entendre que des biens matériels : des droits incorporels, des prestations peuvent être l'objet d'obligations. En outre, l'obligation qui serait affectée d'un aléa ou d'une condition (« Si tu obtiens une mention, je te donnerai tant d'euros ») n'en est pas moins pourvue d'objet.

L'enjeu de la notion d'objet était, d'une part, de vérifier son **existence** et sa **détermination** (le **prix** étant traité comme un objet particulier) ; et, d'autre part, vérifier sa **commercialité**. Ces fonctions sont aujourd'hui assurées, pour un effet souvent similaire, par la notion de **contenu** du contrat (voir fiches n° 19 à 21).

À retenir

- La cause de l'obligation est la contrepartie objective de l'obligation. L'inexistence, la fausseté ou l'illicéité de la cause rendent nul le contrat.
- La cause du contrat est le mobile déterminant de chacune des parties, la raison qui les pousse à contracter. Le contrat fondé sur une cause illicite est nul.
- L'objet du contrat est la chose ou la prestation sur laquelle porte le contrat ; il doit être déterminé ou déterminable, et licite. Le prix suit des règles particulières.

Pour aller plus loin

- H. Capitant, *De la cause des obligations. (Contrats, engagements unilatéraux, legs.)*, th. Dalloz, 1923
- F. Chénédé, « La cause de l'obligation dans le contrat de prêt réel et dans le contrat de prêt consensuel », *D.* 2008, p. 2555
- L. Fin-Langer, *L'équilibre contractuel*, préface C. Thibierge, th. LGDJ 2002
- Th. Genicon, « Défense et illustration de la cause en droit des contrats », *D.* 2015, p. 1551
- J. Ghestin, *Cause de l'engagement et validité du contrat*, LGDJ, 2006, n° 137
- C. Grimaldi, « Les maux de la cause ne sont pas qu'une affaire de mots », *D.* 2015, p. 814

- P. Louis-Lucas, *Volonté et cause, étude sur le rôle respectif des éléments générateurs du lien obligatoire en droit privé*, th. Dijon - Sirey, 1918, p. 134.
- D. Mazeaud, « La cause », in *Le Code civil, un passé, un présent, un avenir*, Dalloz, 2004, p 451.
- J. Rochfeld, *Cause et type de contrats*, préface J. Ghestin, th. LGDJ, 1997
- G. Wicker, « La suppression de la cause par le projet d'ordonnance: la chose sans le mot ? », *D.* 2015, p. 1557

POUR S'ENTRAÎNER : QUESTION DE COURS

Cause et objet sont-ils des notions absolument désuètes ?

CORRIGÉ

Cause et objet sont des notions assez emblématiques du droit des contrats tel qu'il était conçu par Pothier, puis par les codificateurs. À l'heure de l'intégration européenne, ces notions originales ont pu sembler être des freins au dialogue juridique, et l'une des ambitions les plus remarquées de la réforme de 2016 était leur éradication. Toutefois, par deux aspects au moins, elles n'apparaissent pas absolument désuètes.

D'une part, il s'agit de règles de validité des contrats. Or, cette validité s'apprécie au jour de la formation du contrat, selon les règles en vigueur à cette époque. Pour cette raison, en pratique, il arrivera encore fréquemment, pour plusieurs années, que soient discutés la cause ou l'objet du contrat.

D'autre part, si les mots disparaissent du code civil, les choses restent pour partie au moins dans la notion de « contenu » du contrat. Ce contenu du contrat reprend les fonctions de contrôle assurées jadis par le biais des notions de cause et d'objet (voir par exemple l'article 1162, sur le contrôle de licéité ; l'article 1163, sur la détermination...).

Fiche n° 19

Le contenu : détermination du contenu

I. La détermination des prestations en général
II. La détermination du prix

Définitions

Prestation : ce à quoi s'engage chacune des parties (peut avoir pour objet une chose, ou une activité)

Prix : prestation particulière ayant pour objet une somme d'argent

L'article 1163 du Code civil, issu de la réforme de 2016 mais peinant à pleinement s'abstraire du vocabulaire ancien, dispose en son premier alinéa que « L'obligation a pour objet une prestation présente ou future ». Par **prestation présente,** il faut entendre celle qui caractérise les contrats à exécution instantanée, et de plus immédiate, comme la vente d'un objet disponible. La p**restation future** concerne tant les contrats à exécutions successives, que les contrats à exécution instantanée qui porteraient par exemple sur une chose à fabriquer.

Le **prix** est, en soi, une des prestations déterminant le contenu du contrat : son objet est une somme d'argent, et forme la contrepartie de nombre de contrats spéciaux. Cette absence de typicité, tout comme la nature particulière de son objet (la monnaie est fongible par nature, par exemple), ont conduit la jurisprudence antérieure à la réforme, tout comme désormais les textes du Code civil, à lui réserver un régime particulier.

Ainsi, les exigences de détermination du contenu du contrat valant pour les prestations en général (I) sont assouplies pour ce qui est du prix (II).

I. La détermination des prestations en général

A. La possibilité

Le second alinéa de l'article 1163 dispose en premier lieu que la prestation doit être « **possible** ». Peuvent évidemment encourir le grief d'impossibilité les prestations qui seraient **prohibées par la loi**, mais encore celles qui consisteraient en des promesses fantaisistes, **irréalisables** en l'état du droit ou de l'état des connaissances (acquisition d'une propriété sur la lune, voyage dans le temps, divination de l'avenir...).

Doivent encore être rangées avec les prestations impossibles celles dont l'objet (qu'il est difficile de se passer de cette notion !) a **péri**, n'existe plus, ou n'a pas les qualités juridiques requises : vente de parts de sociétés dissoutes, contrat de révélation de succession par un généalogiste alors que le décès ne pouvait manquer d'être connu des proches...

Cette exigence de possibilité ne s'applique bien entendu pas au prix : il est toujours « possible » (l'impécuniosité éventuelle du débiteur étant hors de propos ici) de payer une somme d'argent, (sauf les difficultés liées à celle qui serait stipulée dans une devise n'ayant plus cours).

B. La détermination proprement dite

La prestation doit encore être déterminée ou déterminable. Est **déterminée** la prestation dont la consistance peut être déterminée par le seul contrat. Est **déterminable**, selon les termes de l'article 1163 du Code civil, la prestation qui « peut être déduite du contrat ou par référence aux usages ou aux relations antérieures des parties, sans qu'un nouvel accord des parties soit nécessaire ».

En d'autres termes, le contenu sera suffisamment déterminé lorsque la **volonté** des parties ne joue plus aucun rôle pour définir la consistance des obligations de chacun. Tel sera le cas, par exemple, pour une prestation à exécution échelonnée qui est revalorisée en fonction d'un **indice** déterminé ; pour une prestation **viagère** – qui est déterminée par la durée de la vie du créancier ; pour un contrat **aléatoire** comme le contrat d'assurance, lorsque le sinistre définit à la fois l'exigibilité d'une prestation et son montant.

La **qualité de la prestation** n'a pas à être déterminée avec la même exigence. Suivant le modèle de règles applicables aux contrats internationaux, l'article 1166 dispose que « *Lorsque la qualité de la prestation n'est pas déterminée ou déterminable en vertu du contrat, le débiteur doit offrir une prestation de qualité conforme aux attentes légitimes des parties en considération de sa nature, des usages et du montant de la contrepartie* ».

II. La détermination du prix

Dans nombre de contrats, l'objet de la prestation de l'une des parties est le **prix.** Une difficulté naît alors pour les **contrats à exécution successive** qui s'étendent sur une grande période de temps, pendant laquelle le prix peut varier. En effet, souvent, dans la pratique, l'on fait référence au « prix catalogue » qui est évidemment déterminé par une seule des parties. Avant la réforme de 2016, la jurisprudence avait ainsi pu décider que le prix pouvait être ni déterminé, ni déterminable, sa fixation unilatérale ne devant toutefois pas dégénérer en abus.

Attention

Certains contrats spéciaux tels que la vente ou le bail exigent la détermination ou la déterminabilité du prix.

Illustration : Cass. AP, 1er décembre 1995, plusieurs espèces dont n° 91-15578

Un contrat de « location-entretien » d'une installation téléphonique est conclu ; l'abonné est tenu de s'adresser exclusivement à son contractant pour toute opération sur son installation, la facturation se faisant « selon le tarif en vigueur ». L'arrêt ayant annulé le contrat pour indétermination du prix est cassé, la Haute juridiction retenant que « lorsqu'une convention prévoit la conclusion de contrats ultérieurs, l'indétermination du prix de ces contrats dans la convention initiale n'affecte pas, sauf dispositions légales particulières, la validité de celle-ci, l'abus dans la fixation du prix ne donnant lieu qu'à résiliation ou indemnisation ».

Désormais, deux textes du Code civil permettent, dans certains cas, **l'indétermination** du **prix.**

Le premier, l'article 1164, prévoit la faculté de **fixation unilatérale du prix** dans les **contrats-cadres** (mieux vaudrait dire : pour les contrats d'application des contrats-cadres). Diverses figures contractuelles sont donc concernées : franchisage, concession, location-gérance...

Le second, l'article 1165, prévoit la possibilité de laisser indéterminé le prix dans des **contrats de prestation de service.**

Dans un cas comme dans l'autre, le créancier peut alors fixer unilatéralement le montant du prix ; et doit, en cas de contestation, pouvoir en **motiver** le montant. S'il semble que le créancier a commis un **abus** dans la fixation du prix, l'autre partie peut demander des dommages et intérêts, et, dans le cas des contrats-cadres, la résolution du contrat.

À retenir

- Le contenu d'un contrat doit être déterminé ou déterminable, c'est-à-dire qu'il doit être connaissable sans intervention de la volonté des parties.
- Toutefois, dans certains cas, le prix peut être indéterminé dans le contrat, et fixé ultérieurement par le créancier.
- L'abus dans la fixation du prix est sanctionné, principalement par l'octroi de dommages et intérêts à la partie victime de l'abus.

Pour aller plus loin

- H. Aubry, « Un apport du droit communautaire au droit français des contrats : la notion d'attente légitime », *RIDC* 3-2005, p. 627
- M. Fabre-Magnan, « Critique de la notion de contenu du contrat », *RDC* 2015/3 p. 639
- F. Labarthe, « La fixation unilatérale du prix dans les contrats cadre et prestations de service – Regards interrogatifs sur les articles 1164 et 1165 du Code civil », *JCP G*, n° 23, 6 juin 2016, 642
- J. Moury, « La détermination du prix dans le "nouveau" droit commun des contrats », *D.* 2016, p. 1013

POUR S'ENTRAÎNER : QCM

1) Quelles sont, parmi les hypothèses suivantes, celles dans lesquelles la prestation est déterminée ou déterminable ?
   a. Vente d'une parcelle de 1100 m² de terrain à délimiter sur un ensemble de 5000 m².
   b. Vente par un producteur à son « prix catalogue au jour de la commande ».
   c. Fourniture de peinture dans le cadre d'une rénovation, quantité suffisante pour 2000 m².
   d. Cession d'actions d'une société cotée selon leur cours de bourse au jour de la cession.
2) Il est possible que le prix ne soit pas déterminé.
   a. Non
   b. Oui, dans les contrats-cadres
   c. Oui, dans les contrats de service
   d. Oui, dans tous les contrats
3) En cas d'abus dans la fixation unilatérale du prix dans un contrat de service, le juge peut :
   a. Modifier le prix fixé
   b. Résoudre le contrat
   c. Annuler le contrat
   d. Octroyer des dommages-intérêts

4) Un contrat prévoit qu'un viticulteur vendra, pour un prix forfaitaire et déterminé, toute sa récolte une certaine année. Ce contrat :
   a. est nul, faute d'objet déterminé : l'on ne sait la quotité de raisins qui sera récoltée.
   b. est aléatoire, mais valable : l'objet est déterminable, il s'agit de toute la récolte d'une exploitation.

CORRIGÉ

1) c., d. ; 2) b. c. ; 3) d. (article 1165 du Code civil) ; 4) b.

Fiche n° 20
Le contenu : équilibre du contenu

I. L'apparente indifférence à l'équilibre contractuel
II. La contrepartie illusoire ou dérisoire
III. Les clauses susceptibles d'introduire un déséquilibre contractuel

Définitions

« Réputée non écrite » : se dit d'une clause qui ne peut recevoir application : elle est censée ne jamais avoir été insérée dans le contrat, mais elle le laisse subsister.

Obligation essentielle : obligation caractéristique du contrat, celle sur laquelle repose l'économie de l'échange.

Une conception abstraite et absolue de l'autonomie de la volonté conduirait à estimer que le droit n'a pas à apprécier l'équilibre du contenu du contrat : si les parties se sont volontairement engagées dans un contrat déséquilibré, mais que leur consentement était sain, pourquoi faudrait-il remettre en cause la convention ?

En réalité, les règles posées pour la protection du consentement ne suffisent pas à satisfaire un idéal de justice, malmené par les modes contemporains de contractualisation : contrats d'adhésion, asymétrie des contractants quant à leur capacité de négocier, jeu de clauses limitatives de responsabilité en cas d'inexécution... Les articles 1168 et suivants tendent à ménager à la fois l'exigence d'un certain équilibre contractuel, et une grande autonomie laissée aux parties. Cela se traduit, en premier lieu, par une apparente indifférence à l'équilibre contractuel ; en second lieu, par des règles prévoyant la nullité du contrat dans lequel une contrepartie est illusoire ou dérisoire, et, en troisième lieu, par un contrôle des clauses susceptibles d'introduire un déséquilibre contractuel.

I. L'apparente indifférence à l'équilibre contractuel

Il a été vu (fiche n° 14), que l'erreur sur la valeur était indifférente : il s'agit d'une première illustration de l'apparente indifférence du droit au respect d'un équilibre contractuel.

L'article 1168, surtout, vient affirmer que « Dans les contrats synallagmatiques, le défaut d'équivalence des prestations n'est pas une cause de nullité du contrat, à moins que la loi n'en dispose autrement ».

En d'autres termes, le juge ne doit pas rechercher les valeurs respectives des différentes prestations ; pour le dire autrement, l'on ne prend pas, en général, en compte la lésion (voir fiche n° 25).

Attention

Le texte ne vise que les contrats synallagmatiques. Mais il ne faut pas oublier que, dans un contrat unilatéral (et l'on pourrait de même raisonner sur un contrat aléatoire), une telle équivalence est parfaitement hors de propos.

Le texte ouvre toutefois la porte à des exceptions, qui doivent être portées par la loi.

Une première série d'exceptions se justifie par la prise en considération de la personne. Il a déjà été vu que les mineurs étaient restituables pour simple lésion (cf. fiche n° 17) : à leur égard, l'équilibre des prestations compte. Certains contrats supposent également un certain équilibre.

Illustration : lésion en matière de vente immobilière

L'article 1674 dispose que « si le vendeur a été lésé de plus de sept douzièmes dans le prix d'un immeuble, il a le droit de demander la rescision de la vente ». Si un terrain est vendu 400 000 €, mais qu'il valait en réalité 1 000 000 €, (la lésion est donc de 600 000 €) le contrat est trop déséquilibré pour être maintenu en l'état, puisque la lésion est supérieure au seuil fixé par l'article 1674. Calcul du seuil de la lésion : 1 000 000 x 7/12 = 583 333 €. La vente ne pouvait se faire à une différence de prix supérieure à ce chiffre, au détriment du vendeur.

Le partage (art. 889 du Code civil), qui n'entre toutefois pas dans la catégorie visée ici, ne saurait être déséquilibré de plus du quart.

II. La contrepartie illusoire ou dérisoire

Lorsqu'il apparaît que la prestation de l'une des parties est proche de zéro, le déséquilibre entre les prestations est proche de l'infini. L'article 1169 vient déclarer nul un contrat à titre onéreux lorsqu'« au moment de sa formation, la contrepartie convenue au profit de celui qui s'engage est illusoire ou dérisoire ».

Par **contrepartie illusoire**, il faut entendre celle dont on fait miroiter une fausse importance, comme celle qu'offrirait l'organisateur d'une loterie à laquelle il serait impossible de gagner. La **contrepartie dérisoire** vise celle qui est extrêmement faible, presque inexistante.

Attention

La question est ici celle de la validité de l'acte. L'appréciation de la contrepartie doit donc se faire au moment de la formation du contrat. Une contrepartie qui deviendrait illusoire ou dérisoire lors de l'exécution du contrat, en raison d'un changement de circonstances, est régie par d'autres textes (voir fiche n° 31).

Ce régime de la contrepartie illusoire ou dérisoire reprend l'idée de **défaut de cause,** qui existait dans le Code antérieurement à la réforme de 2016.

Illustration

Défaut de cause dans le bail à construction, Cass. Civ. 3, 21 septembre 2011, n° 10-21900

La commune de Cannes avait consenti à une société privée un bail à construction sur un terrain de la Croisette, pour un loyer de 762,25 € par an. Le prix a été jugé dérisoire ou vil, et donc le contrat était nul pour défaut de cause. Nous dirions aujourd'hui que la nullité était acquise en raison d'une contrepartie dérisoire. (N.B. : En l'espèce, l'action était prescrite).

III. Les clauses susceptibles d'introduire un déséquilibre contractuel

La réforme de 2016 a placé dans le Code civil des règles permettant de prévenir des déséquilibres qui se révéleraient lors de l'exécution du contrat, soit en privant de sa substance l'obligation essentielle (A), soit en introduisant un déséquilibre significatif dans les contrats d'adhésion (B).

A. La clause privant de sa substance l'obligation essentielle

Une saga jurisprudentielle, sous l'empire des textes anciens, a contribué à forger au terme de multiples rebondissements la règle désormais consacrée à l'article 1170 (d'un arrêt « Chronopost », Cass. Com. 22 oct. 1996, à un arrêt « Faurecia II », Cass. Com. 29 juin 2010, n° 09-11841). Il s'agissait d'apprécier la validité de clauses limitatives de réparation : l'une des parties s'engageait à une prestation dans un délai donné, tout en stipulant une réparation très faible si elle ne tenait pas son engagement.

Élargie, la solution dégagée par les juges est désormais à l'article 1170 : « Toute clause qui prive de sa substance l'obligation essentielle du débiteur est réputée non écrite ».

La première étape du raisonnement est d'identifier **l'obligation essentielle** du débiteur, c'est-à-dire celle qui, pour son cocontractant, a déterminé son consentement.

L'obligation essentielle sera considérée comme **privée de sa substance** si son respect devient en quelque sorte **facultatif** pour son débiteur : la jurisprudence s'est forgée sur la question de la réparation, mais le Code invite désormais à élargir le nombre des clauses susceptibles d'avoir cet effet.

La sanction réside dans le fait que la clause est réputée non écrite : le contrat avec toutes ses obligations subsiste, mais la clause visée disparaît.

B. La clause introduisant un déséquilibre significatif dans un contrat d'adhésion

Le régime des **clauses abusives** a été forgé en droit de la consommation (voir fiche n° 22). L'article L. 212-1 du Code de la consommation dispose que « Dans les contrats conclus entre professionnels et consommateurs, sont abusives les clauses qui ont pour objet ou pour effet de créer, au détriment du consommateur, un déséquilibre significatif entre les droits et obligations des parties au contrat ». Il a été étendu aux relations entre professionnels et non-professionnels. L'article L. 442-6 du Code de commerce prévoit qu'engage sa responsabilité le commerçant qui soumet ou tente de soumettre « un partenaire commercial à des obligations créant un déséquilibre significatif dans les droits et obligations des parties ».

L'article 1171 du Code civil dispose que « Dans un contrat d'adhésion, toute clause qui crée un déséquilibre significatif entre les droits et obligations des parties au contrat est réputée non écrite. ». Ce texte étend ce contrôle du déséquilibre significatif, puisqu'il intègre désormais le **droit commun**, mais le restreint aux **contrats d'adhésion** (plus suspects que les autres de cacher une injustice, voir fiche n° 5).

L'appréciation du déséquilibre significatif fait la part belle à l'appréciation du juge. Sans doute peut-on estimer que lorsqu'une faculté – par exemple celle de résilier le contrat avant l'échéance prévue – est ouverte à une partie, et non à l'autre (ou alors à des conditions très différentes), l'on peut trouver un déséquilibre significatif.

Par contre, des limites importantes existent – outre le fait que seuls les contrats d'adhésion sont concernés – ce déséquilibre ne doit porter ni sur **l'objet principal du contrat** ni sur **l'adéquation du prix à la prestation.** En d'autres termes, en cas de « mauvaise affaire », ce mécanisme n'est d'aucun secours pour la partie flouée.

À retenir

- L'équilibre des prestations n'est pas, en soi, une condition de validité du contrat.
- Toutefois, le contrat est nul si une contrepartie est illusoire ou dérisoire.
- Sont réputées non écrites les clauses privant de sa substance une obligation essentielle d'un contrat, ou, dans un contrat d'adhésion, introduisant un déséquilibre significatif.

Pour aller plus loin

- M. Behar-Touchais, « Le déséquilibre significatif dans le Code civil », *JCP G* 2016, p. 391
- S. Bros, « Article 1169 : le déséquilibre significatif », *RDC* 2015/3, p. 761
- F. Chénedé, « L'équilibre contractuel dans le projet de réforme », *RDC* 2015/3 p. 655
- V. Forti, « L'absorption de l'objet par le contenu du contrat », *LPA* 31 octobre 2014

POUR S'ENTRAÎNER : QCM

1) Raoul, étudiant en droit, acquiert par un célèbre site de petites annonces une collection entière en parfait état des traités de Pothier, pour 50 €. (Leur valeur est au moins 10 fois supérieure).
   a. Le contrat est nul, car la contrepartie est dérisoire.
   b. Le contrat est nul, car le vendeur a commis une erreur sur la valeur du bien vendu.
   c. Le contrat est valable, car le défaut d'équivalence des prestations n'est pas une cause de nullité du contrat.
2) Ludovine reçoit un prospectus : « Grand Medium résout tous vos problèmes : retour de l'être aimé, attraction de la chance, réussite aux examens… », elle téléphone, espérant ainsi réussir sa L2, accepte un débit de 150 € sur sa carte bancaire, pour tomber sur une boîte vocale lui demandant d'enregistrer sa demande, que le Grand Medium ne manquera pas de traiter. Il n'y a point, évidemment, de Grand Medium.
   a. Ludovine ne peut agir, car *Nemo auditur* […] (Nul ne peut se prévaloir de sa propre turpitude).
   b. Le contrat est valable, car le défaut d'équivalence des prestations n'est pas une cause de nullité du contrat (art. 1168).
   c. Le contrat est nul, car la contrepartie est illusoire (art. 1169).

3) Le contrat de maintenance d'une chaudière (contrat d'adhésion) stipule qu'une intervention en cas de panne est effectuée en 12 heures maximum. Si ce délai n'était pas respecté, une ristourne serait effectuée, équivalente à 10% du coût mensuel du contrat d'entretien.
   a. La clause sur la ristourne prive de sa substance l'obligation essentielle du débiteur, puisqu'en cas d'inexécution de cette obligation, la pénalité est très faible : la clause est donc réputée non écrite.
   b. La clause sur la ristourne prive de sa substance l'obligation essentielle du débiteur, puisqu'en cas d'inexécution de cette obligation, la pénalité est très faible : le contrat est donc nul.
   c. La clause comme le contrat sont valables, à partir du moment où le consentement a été librement donné par chaque partie.

CORRIGÉ

1) c. ; 2) c. ; 3) a.

Fiche n° 21
Le contenu : licéité du contenu

Définitions

Règle supplétive de volonté : règle à laquelle les volontés privées peuvent déroger, mais qui s'applique à défaut d'une telle volonté de dérogation.
Règle impérative : règle à laquelle il n'est pas permis aux volontés privées de déroger.

Les trois précédentes conditions, **consentement**, **capacité**, **contenu** se rattachent surtout au contrat conçu comme source d'obligations. Mais si on l'envisage avant tout comme une **norme** applicable entre les parties, alors il convient d'apprécier sa **validité**, au sens de sa **conformité avec la norme supérieure** (sur cette dichotomie, cf. fiche n° 2).

L'article 6 du Code civil dispose : « *on ne peut déroger, par des conventions particulières, aux lois qui intéressent l'ordre public et les bonnes mœurs* ». Trouve ici son siège la distinction entre les **normes supplétives** de volonté, et celles qui sont **impératives.** Les normes supplétives sont celles qui sont prévues par le droit pour pallier le silence des parties, mais qu'elles peuvent convenir d'écarter. Les normes impératives sont celles qui s'imposent aux contractants. L'article 1162 vient désormais rappeler (tout en peinant à se détacher de l'idée de cause subjective de la convention) que « Le contrat ne peut déroger à **l'ordre public** ni par ses **stipulations**, ni par son **but**, que ce dernier ait été connu ou non par toutes les parties ».

Les deux socles normatifs permettant le contrôle de la conformité de l'accord sont deux notions qui apparaissent parfois légèrement datées : il s'agit de **l'ordre public** (I) et des **bonnes mœurs** (II).

I. L'ordre public

La notion **d'ordre public**, entendue au sens du droit privé, recoupe mais ne se confond pas complètement avec celle du droit administratif. C'est en outre une notion qui a connu au cours du siècle dernier une importante transformation.

Attention

La notion d'ordre public est liée au caractère impératif d'une norme, non à sa place dans la hiérarchie des normes. Les normes d'ordre public ne sont pas nécessairement à rechercher au niveau supra-législatif. Bien au contraire, elles sont souvent portées par des lois ordinaires, voire des textes réglementaires.

L'on désigne par ordre public classique les normes impératives qui ont trait à l'organisation de l'État, à l'intégrité de la famille, au respect de la personne, à la loyauté professionnelle.

Ainsi, ne sont pas conformes à l'ordre public des contrats ayant pour objet un trafic d'influence, qui tendraient à obtenir un avantage indu d'un fonctionnaire, qui amputeraient une partie de son droit d'agir en justice, qui conduiraient à une dissimulation du prix dans une promesse de vente afin de réduire l'assiette fiscale.

De même, toute convention s'apparentant à un processus de « mère porteuse », toute association créée dans ce but serait contraire à l'ordre public. Toute atteinte au corps humain qui n'entrerait pas dans le cadre très strict de la loi, ou toute commercialisation de produits d'éléments de ce corps, hors de ce cadre, constitueraient des contrats prohibés. Toute convention par laquelle des époux organiseraient leurs relations, en dérogeant aux règles impératives du statut extrapatrimonial du couple marié, serait également nulle.

La défense de l'ordre public, en dernière analyse, montre ce que craint une société. De nos jours, l'on songe moins à protéger l'ordre public dit classique (à l'exception peut-être de la personne humaine) que **l'ordre public économique**.

Celui-ci se décompose en deux pans : **l'ordre public de direction** et **l'ordre public de protection**. L'ordre public de direction est celui qui révèle la mainmise de l'État sur l'économie : ainsi en est-il des législations douanières, ou des règles concernant la monnaie d'échange, ainsi que de certaines normes en matière de concurrence. L'ordre public de protection traduit le souci de la société de ne pas permettre l'exploitation de la partie faible à un contrat, il s'agit des mesures prises en faveur des consommateurs, des locataires, des salariés... Il ne faut toutefois pas penser que cette polarisation est absolue : les juges apprécient au cas par cas si les règles d'ordre public protègent l'intérêt d'une seule partie, ou réalisent un **équilibre** intangible entre les intérêts contradictoires présents.

Illustration : Cass. Civ. 3, 1er octobre 2008, n° 07-13008

Les dispositions légales concernant le bail d'habitation prévoient qu'au décès du locataire, le contrat de location est transféré à ses descendants habitant avec lui depuis un an au moins. Un contrat de bail stipule qu'un tel droit sera transféré aux descendants qui vivent dans l'appartement depuis six mois au moins. Au décès du preneur, le fils, vivant dans l'appartement depuis plus de six mois, mais moins d'un an, se maintient dans les lieux. Le bailleur a fait reconnaître à la Cour de cassation que le bail ne pouvait déroger, serait-ce en faveur du locataire, aux dispositions impératives de la loi sur les baux d'habitation.

II. Les bonnes mœurs

Si l'article 1162 vise l'ordre public, non les bonnes mœurs, l'article 6 concerne les unes et l'autre. À vrai dire, cette omission dans l'article 1162 ne semble pas avoir une grande portée, d'autant plus qu'un contrôle sur le but poursuivi par les contractants est établi.

Plus encore que l'ordre public, les **bonnes mœurs** révèlent l'état d'esprit d'une société à un moment donné. Durant les deux premiers tiers du XXe siècle, les principales utilisations de cette notion visaient à combattre les contrats permettant l'ouverture de maisons de tolérance, ou favorisant le vice en général, ainsi que ceux qui se concluent avec une concubine, une strip-teaseuse...

La jurisprudence a expressément desserré certains de ces liens ; pour nombre d'autres hypothèses, l'on ne sait si la lassitude a gagné le juge ou les requérants, ou si tout simplement, l'époque a changé.

Illustration : Cass. Civ. 1, 4 novembre 2011, n° 10-20114

Un homme marié a conclu un contrat de courtage matrimonial. Appliquant la théorie de la cause, la Cour de cassation casse l'arrêt d'appel qui avait retenu la nullité d'un tel contrat. Il estime que le contrat « relatif à l'offre de rencontres en vue de la réalisation d'un mariage ou d'une union stable, qui ne se confond pas avec une telle réalisation, n'est pas nul, comme ayant une cause contraire à l'ordre public et aux bonnes moeurs, du fait qu'il est conclu par une personne mariée ».

Si l'on doit donner un contenu moderne aux bonnes mœurs, il semblerait, bien que cela manque de clarté, qu'elles correspondent aujourd'hui au rejet des déviations du libéralisme, comme la corruption ou le trafic d'influence. Dès lors, elles ne se distinguent pas véritablement de l'ordre public.

À retenir

- Les normes impératives sont celles auxquelles le contractant ne peut déroger.
- Ces normes sont celles déclarées d'ordre public, et les bonnes mœurs.
- Le contrat, en tant que norme juridique, s'insère dans un système normatif – il doit être conforme aux règles impératives.

Pour aller plus loin

- D. Bureau, « L'extension conventionnelle d'un statut impératif. Contribution du droit international privé à la théorie du contrat », in *Mélanges Ph. Malaurie, Liber amicorum*, Defrénois 2005, p. 125
- B. Fauvarque-Cosson, « L'ordre public », in *1804-2004, Le Code civil, Un passé, un présent, un avenir*, Dalloz 2004, p. 473
- J. Foyer, « Les bonnes mœurs », in *1804-2004, Le Code civil, Un passé, un présent, un avenir*, Dalloz 2004, p. 495
- G. Pignarre, « Et si l'on parlait de l'ordre public (contractuel) ? », *RDC* 2013 n° 1, p. 251
- G. Ripert, *La règle morale dans les obligations civiles*, LGDJ, 4e Éd., 1949, n° 35
- R. Savatier, « L'ordre public économique », *D.* 1965, Chron. 37
- A. Tunc, « La notion d'ordre public en droit français et en droit anglais », in *mélanges offerts à R. Savatier*, Dalloz 1965, p. 883

POUR S'ENTRAÎNER : QUESTION DE COURS

L'ordre public contractuel est-il mort ?

CORRIGÉ

L'ordre public contractuel ne meurt pas ; il se transforme au gré des évolutions de la société. Certes, l'ordre public classique, centré notamment sur la protection d'une vision traditionnelle de la famille, est en perte de vitesse. Corrélativement, se renforce un ordre public économique, et notamment un ordre public de protection.

La vigueur de l'ordre public est assurée de plusieurs manières : par une exigence de conformité des conventions à ses dispositions impératives, comme le porte l'article 6, mais aussi par les exigences de licéité du contenu du contrat, ses stipulations comme son but (art. 1162).

Fiche n° 22
Le contrôle des clauses

I. Les clauses prohibées
II. L'exemple des clauses abusives en droit de la consommation

Définition

Clause abusive : dans les contrats de consommation, clause ayant pour objet ou pour effet de créer, au détriment du consommateur, un déséquilibre entre les droits et obligations des parties.
Présomption simple : présomption qui peut être renversée par la preuve contraire.
Présomption irréfragable : présomption qui ne peut être renversée par la preuve contraire.

Un contrat qui serait jugé contraire aux bonnes mœurs ou à l'ordre public peut être **annulé** : tout se passe comme si le contrat n'avait jamais existé, il est anéanti. Cette solution n'est pas toujours la plus efficace pour défendre certains intérêts : imaginons un locataire auquel le propriétaire a imposé des stipulations contractuelles enfreignant une loi impérative, son intérêt n'est probablement pas dans l'annihilation du contrat.

Il est ainsi possible que le contrôle de validité se porte sur **quelques clauses** du contrat. En cas d'invalidité de certaines clauses, l'article 1184 distingue entre les cas dans lesquels la nullité d'une partie des clauses « emporte nullité de l'acte tout entier », et les autres. L'essentiel est de savoir si la clause annulée était un élément déterminant de l'engagement d'une partie au moins.

La sanction de ce contrôle « de détail » se trouve en principe dans le fait que l'on **répute ces clauses non écrites**, voire, par exemple, qu'un indice licite est substitué à un indice qui ne le serait pas (solution désormais prévue pour l'indice qui cesse d'être accessible, Art. 1167 du Code civil). En d'autres termes, l'on fait comme si le contrat avait été conclu sans ces clauses ; au besoin, l'on remplace les clauses incorrectes par des clauses qui seraient légales. Il s'agit de l'une des rares possibilités offertes au juge de s'immiscer dans le contrat.

L'on doit distinguer les **clauses prohibées** (I) et les **clauses abusives** (II).

I. Les clauses prohibées

Dresser un inventaire exhaustif des **clauses prohibées** dans les contrats est quasiment impossible : presque **chaque contrat spécial** fait référence à des dispositions légales qui prohibent certaines clauses. Ce contrôle des clauses prohibées est une technique de mise en œuvre du respect de l'ordre public, de manière complémentaire au contrôle global.

Illustration : art. 4 de la loi du 6 juillet 1989

19 clauses sont interdites dans le bail à usage d'habitation : il est interdit d'interdire au locataire d'héberger des proches ; de lui imposer de payer son loyer par virement ; de le rendre automatiquement responsable des dégradations de l'appartement...

Les **clauses d'indexation** – celles qui font évoluer le prix d'une prestation en fonction d'un indice – sont également strictement encadrées : l'on craint celles qui auraient un **effet inflationniste**, et l'on rejette également celles qui se servent d'un indice sans rapport avec l'objet du contrat.

Illustration : art. L. 112-1 du Code monétaire et financier

Dans les baux, il est interdit, en cas d'indexation, de prendre en compte la variation de l'indice sur une période plus longue que la durée s'écoulant entre chaque révision. Par exemple, si un loyer est révisé chaque année, il est interdit de le réviser en fonction de la progression d'un indice sur les deux dernières années écoulées.

II. L'exemple des clauses abusives en droit de la consommation

Les **clauses abusives** sont nées dans le contexte du **droit de la consommation,** la réforme de 2016 en a étendu le champ à tous les contrats d'adhésion (fiche n° 20). L'étude du droit de la consommation est particulièrement utile, afin d'anticiper la transposition du mécanisme dans le droit des contrats civils.

L'article L. 212-1 du Code de la consommation définit les clauses abusives comme celles « qui ont pour objet ou pour effet de créer, au détriment du non-professionnel ou du consommateur, un déséquilibre significatif entre les droits et obligations des parties au contrat ». Chacun des éléments de cette définition est important : notamment, une clause peut se révéler abusive alors qu'elle n'a pas été conçue comme telle ; le **déséquilibre** favorisant le consommateur ne peut donner lieu à la reconnaissance d'une clause abusive.

Bien entendu, les clauses abusives se rencontrent le plus fréquemment dans des **contrats d'adhésion**, rédigés sur support écrit. Toutefois, le Code de la consommation reconnaît que l'existence d'un écrit importe peu ; de même que le fait que toutes les clauses du contrat aient pu ou non être négociées. Il est en outre précisé que : « *l'appréciation du caractère abusif des clauses au sens du premier alinéa ne porte ni sur la définition de l'objet principal du contrat ni sur l'adéquation du prix ou de la rémunération au bien vendu ou au service offert pour autant que les clauses soient rédigées de façon claire et compréhensible* ». Si le contrôle des **clauses abusives** favorise la justice contractuelle, il ne garantit pas le strict respect d'un équilibre du contrat.

Lorsqu'une clause est jugée abusive, elle est **réputée non écrite**, mais le contrat conserve toute sa **force obligatoire** s'il peut subsister sans cette clause.

Deux listes dressées par décret en conseil d'État viennent alléger la tâche du consommateur cherchant à se prévaloir d'une clause abusive, et, en pratique, lui ôtent la charge de la preuve. L'on évoque communément la **liste grise** et la **liste noire** des clauses abusives.

Attention

Un consommateur peut toujours démontrer qu'une clause doit être considérée comme abusive parce qu'elle engendre un déséquilibre significatif à son détriment.

La **liste grise** est celle de l'article R. 212-2 du code de la consommation ; ce sont des clauses qui sont **présumées abusives**, mais de manière **simple**. En d'autres termes, le professionnel pourra sauvegarder ces clauses s'il parvient à renverser la présomption, c'est-à-dire à démontrer que ces clauses n'ont ni pour objet ni pour effet de créer un déséquilibre au détriment du consommateur.

Illustration : art. R 212-2 Code de la consommation

Est présumée abusive notamment la clause ayant pour effet ou pour objet de prévoir un engagement ferme du non-professionnel ou du consommateur, alors que l'exécution des prestations du professionnel est assujettie à une condition dont la réalisation dépend de sa seule volonté.

La **liste noire** est celle de l'article R 212-1 du code de la consommation ; ce sont des clauses qui sont **présumées abusives**, mais de manière **irréfragable**. En d'autres termes, le professionnel ne pourra rapporter la preuve d'une absence de déséquilibre. En pratique, ce sont donc des clauses qui ne peuvent jamais recevoir d'effet.

Illustration : art. R. 212-1 du Code de la consommation

Sont irréfragablement présumées abusives notamment les clauses qui ont pour objet ou pour effet de restreindre l'obligation pour le professionnel de respecter les engagements pris par ses préposés ou ses mandataires, ou de réserver au professionnel le droit de modifier unilatéralement les clauses du contrat relatives à sa durée, aux caractéristiques ou au prix du bien à livrer ou du service à rendre.

Il faut encore mentionner l'existence d'une **Commission des clauses abusives**, composée de professionnels, consommateurs, de magistrats et de personnalités qualifiées. Son rôle était fondamental avant que le pouvoir réglementaire édicte les listes de clauses que nous avons vues ; il est encore considérable, en ce que cette commission peut rendre des recommandations destinées à éradiquer des clauses abusives, et qu'elle peut être saisie pour avis par un juge afin d'apprécier le caractère abusif d'une clause.

À retenir

- Certaines clauses sont interdites aux contractants, soit parce qu'elles portent atteinte à une disposition impérative, soit parce qu'elles sont considérées comme abusives.
- En les réputant non écrites, ou en utilisant d'autres techniques, le juge neutralise de telles clauses sans annuler le contrat dans son entier.

Pour aller plus loin

- D. Dannenberger, « Dérogation à un dispositif d'ordre public du statut des baux commerciaux », *JCP E&A*, 4 octobre 2012, 1590
- N. Mathey, « Le déséquilibre significatif : approches civiliste et consumériste », *CCC* n° 5, mai 2013, dossier 3.
- J. Monéger, « La périodicité dans la clause d'indexation du loyer et l'ordre public monétaire », *JCP E&A*, 13 octobre 2011, 1723
- G. Paisant, « Le décret portant listes noire et grise de clauses abusives », *JCP G*, 6 Juillet 2009, 116

POUR S'ENTRAÎNER : QCM

1) Une clause qui créerait un déséquilibre significatif entre les droits et obligations, au détriment du consommateur, mais qui ne figurerait ni dans la liste grise, ni dans la liste noire, peut-elle néanmoins être déclarée abusive ?
   a. Non.
   b. Oui, si le consommateur apporte la preuve de ce déséquilibre à son détriment.
   c. Oui, si le professionnel ne parvient pas à apporter la preuve de l'absence de déséquilibre au détriment du consommateur.
2) Une clause qui serait rédigée de manière ambiguë est-elle, pour cette raison, une clause abusive ?
   a. Non, le problème posé est un problème d'interprétation du contrat.
   b. Oui, le consommateur est désavantagé par l'ambiguïté du contrat.
3) Une association de consommateurs découvre que les opérateurs téléphoniques facturent aux clients des prix très élevés par rapport au coût de revient de la prestation. La clause fixant le prix est-elle, pour cette raison, abusive ?
   a. Oui, cette recherche du profit se fait au détriment du consommateur.
   b. Non, car les clauses abusives ne concernent pas l'adéquation du prix à la prestation.

CORRIGÉ

1) b. ; 2) a. ; 3) b.

Fiche n° 23
Les différentes nullités

Définitions

Exception : (dans ce contexte, par opposition à l'action) substantif formé sur exciper; moyen de défense opposé par le défendeur à une procédure judiciaire pour faire obstacle à l'examen au fond de l'action intentée par l'autre.

La principale des sanctions du défaut de validité du contrat est la **nullité** ; encore faudrait-il employer le pluriel pour être exact. Quelques **autres sanctions** sont également possibles.

Une question doit être réglée à titre liminaire, celle de **l'inexistence.** La doctrine se divise sur le point de savoir si, **à côté de la nullité**, il y a de la place pour une autre sanction radicale du défaut de validité des contrats, l'inexistence. Les enjeux pratiques, qui ont pu être considérables, sont aujourd'hui assez minces ; néanmoins, l'on a pu remarquer qu'en cas de défaut total de consentement par exemple, l'on n'avait même pas à parler de vice de consentement ; l'on peut dire alors qu'il y a inexistence de l'acte, et non seulement nullité.

La nullité vient emporter **anéantissement rétroactif** du contrat : tout se passe comme s'il n'avait jamais existé (art. 1178, al. 2). Quelques termes de vocabulaire doivent être précisés.

En premier lieu, les nullités sont en principe **judiciaires** – ce qui signifie qu'elles doivent être constatées par un juge. Si les parties conviennent de défaire ce qu'elles ont conclu, par exemple, parce qu'elles se rendent compte d'une erreur commune, elles peuvent constater la nouveauté d'un commun accord (innovation de la réforme de 2016, art. 1178 du Code civil, al. 1). Elles peuvent également « refaire le contrat à l'envers » (ex : l'acheteur revend la chose au vendeur initial). Les parties invoquent en pratique la nullité d'une convention soit par **voie d'action** (le but de leur action en justice est de faire prononcer la nullité) ; soit par **voie d'exception** (pour se défendre d'une action en exécution de la convention) ; l'action est soumise à **prescription**, mais **l'exception** est **perpétuelle** selon l'adage : *quae temporalia sunt ad agendum,* *perpetua sunt ad excipiendum* (toutefois, l'article 1185 du Code civil, qui reconnaît la règle de cet adage, en restreint la portée au contrat qui n'a reçu aucune exécution).

Le juge peut parfois, notamment en matière de consommation, (art. R. 632-1 du Code de la consommation), **soulever d'office** la nullité, ce qui veut dire la constater sans que les parties l'aient invoquée. Cela est possible à condition que le juge ne se fonde que sur les faits qui sont dans le débat, et qu'il fasse respecter le **principe du contradictoire** (ces exigences concernent plus la procédure civile que le droit des contrats).

Par principe, la nullité est **de droit** (l'on ajoute parfois **de plein droit**), ce qui signifie qu'elle doit être prononcée alors même qu'elle n'aurait causé **aucun préjudice** aux parties et qu'elle n'apparaîtrait pas nécessairement opportune (et cela, qu'elle soit demandée ou qu'elle soit relevée d'office). Toutefois, quelques nullités supposent l'existence d'un préjudice, par exemple, en cas de vice de forme de l'acte de cession d'un fonds de commerce, ou de défaut d'assistance pour un acte conclu par une personne protégée (art. 465, 2°), ce qui laisse une certaine marge d'appréciation au juge.

Attention

Un adage du droit français pose: «pas de nullité sans texte»; à le suivre, il faudrait toujours pouvoir s'appuyer sur un texte prescrivant une exigence à peine de nullité pour annuler un accord de volontés qui ne respecterait pas cette exigence (l'on parle alors de nullités «textuelles»). En réalité, le principe en droit positif est opposé: l'on accepte les nullités «virtuelles», c'est-à-dire sans texte. En effet, dès lors qu'une convention contrevient à un texte impératif, le juge peut trouver dans l'article 6 du Code civil une base pour l'annuler.

Deux catégories de nullités existent (voir l'article 1179 du Code civil), la **nullité relative**, qui protège les **intérêts particuliers** (I) et la **nullité absolue**, qui protège **l'intérêt général** (II).

Attention

Que la nullité soit relative ou absolue, son effet – l'anéantissement du contrat – est toujours le même.

I. La nullité relative

La **nullité relative** est celle qui sanctionne un défaut de formation du contrat portant atteinte à un **intérêt particulier**. Ainsi, toutes les nullités encourues pour **vice de consentement**, pour **défaut de cause**, ou pour **violation de l'ordre public de protection**, sont des nullités relatives.

La première conséquence de cette qualification concerne la détermination des personnes qui peuvent agir : seule la personne dont le consentement était vicié, ou qui était protégée par la réglementation violée peut agir, et non l'autre cocontractant ou les tiers au contrat, alors même qu'ils y auraient intérêt. Par contre, les héritiers des contractants, en ce qu'ils prolongent la personne de leur auteur, recueillent ses droits et actions, et notamment l'action en nullité si elle existait dans le chef du défunt.

La seconde conséquence est que les nullités relatives sont susceptibles d'être couvertes par la **réfection** ou la **confirmation** de l'acte (Art. 1181, et cf. fiche n° 24).

L'article 1183 introduit une sorte d'action interrogatoire destinée à purger un acte de sa nullité : il dispose qu'« *une partie peut demander par écrit à celle qui pourrait se prévaloir de la nullité soit de confirmer le contrat soit d'agir en nullité dans un délai de six mois à peine de forclusion. La cause de la nullité doit avoir cessé. L'écrit mentionne expressément qu'à défaut d'action en nullité exercée avant l'expiration du délai de six mois, le contrat sera réputé confirmé* ».

L'action en nullité relative se **prescrit** par cinq ans, à compter du moment où le demandeur a connu ou aurait dû connaître les faits lui permettant d'agir, c'est-à-dire, en principe, à compter de la découverte du vice.

Illustration : Cass. Civ. 1, 6 juillet 2011, n° 10-23438

Une Cour d'appel a déclaré qu'un contrat de construction de maison individuelle était nul, car non conforme à des prescriptions légales, et affirme qu'il s'agit d'une nullité absolue. La Cour de cassation donne tort à la Cour d'appel : les juges du fond auraient dû constater que les règles d'ordre public violées protégeaient l'intérêt particulier du maître de l'ouvrage, et conduisaient donc à une nullité relative.

II. La nullité absolue

La **nullité absolue** est celle qui protège non un intérêt particulier, mais **l'intérêt général**. Il s'agit de celle qui affecte le contrat qui d'une manière générale est **contraire à l'ordre public** (sauf ordre public de protection) ou aux **bonnes mœurs**.

L'une des conséquences est que les personnes pouvant demander la nullité de la convention sont bien plus nombreuses : bien entendu, chacune des parties, ainsi que leurs héritiers le peuvent. Mais en outre, **toute personne** qui peut avoir un **intérêt suffisant** à l'annulation d'une convention peut soulever une telle nullité : ainsi, celui qui a prêté les deniers pour l'achat d'un immeuble peut demander la nullité du contrat de vente. Le **ministère public**, qui défend l'intérêt général, peut également demander la nullité absolue des conventions conclues entre particuliers ; cette possibilité n'est presque jamais utilisée en pratique.

Les actes affectés de nullité absolue ne peuvent être **confirmés** (art. 1180 du Code civil). La voie de la **réfection**, à condition que le nouvel acte soit valide, n'est évidemment pas fermée, mais est difficilement envisageable.

Avant la réforme de la prescription du 17 juin 2008, l'action en nullité absolue s'éteignait par la prescription trentenaire, à compter du jour du contrat. Désormais, les délais de prescription sont unifiés – ce qui amoindrit l'utilité de la distinction.

À retenir

- La nullité est l'anéantissement rétroactif du contrat.
- La nullité relative protège les intérêts particuliers ; elle ne peut en principe être demandée que par ceux dont les intérêts sont protégés.
- La nullité absolue protège l'intérêt général ; elle peut être soulevée par tout intéressé.

Pour aller plus loin

- J.-L. Aubert, « Brèves réflexions sur le jeu de l'exception de nullité », in *Mélanges Ghestin*, LGDJ 2001, p. 19
- G. Durry, « L'inexistence, la nullité et l'annulation des actes juridiques en droit civil français », *Trav. Assoc. Capitant* 1961-1962, p. 61 s
- J. Ghestin, « L'annulation d'office d'un contrat », in *Mélanges P. Drai*, Dalloz, 2000 p. 593
- M. Mekki, « Nullité et validité en droit des contrats, un exemple de pensée par les contraires », *RDC* 2006/3, p. 679
- A. Posez, « La théorie des nullités, le centenaire d'une mystification », *RTD. civ.* 2011, p. 647

POUR S'ENTRAÎNER : QUESTION DE COURS

L'intérêt de la distinction entre nullité absolue et nullité relative.

CORRIGÉ

La nullité absolue comme la nullité relative ont exactement le même effet : l'anéantissement rétroactif du contrat. L'intérêt de la distinction ne se situe donc pas à ce niveau. Avant la réforme de la prescription de 2008, elles ne suivaient pas les mêmes règles de prescription ; cet intérêt a désormais disparu. Toutefois, deux intérêts essentiels au maintien de cette distinction subsistent. D'une part, seules les nullités relatives sont susceptibles d'être couvertes par la confirmation de l'acte. D'autre part, les personnes pouvant agir en nullité du contrat ne sont pas les mêmes, selon que la nullité est relative ou absolue. Parce qu'elle protège l'intérêt particulier, la nullité relative ne peut être invoquée que par la personne dont l'intérêt est protégé, ou par ses héritiers. En revanche, la nullité absolue, protectrice de l'intérêt général, peut être soulevée par tout intéressé, y compris par le ministère public.

Fiche n° 24
L'effet des nullités

Définitions

Confirmation : acte (parfois tacite) par lequel une personne qui pourrait soulever la nullité d'un acte renonce à le faire.
Réfection : remplacement d'un acte vicié (souvent, par un vice de forme) par un nouvel acte, exempt de vice.
Vente *a non domino* : vente effectuée par un non-propriétaire, et, comme telle, insusceptible de transférer la propriété de la chose vendue.

Il a déjà été vu que l'acte nul était censé ne jamais avoir existé, et que les nullités emportent sa **disparition rétroactive**. Cet effet est celui qui se produit sur le plan du droit. Mais, en pratique, les parties peuvent avoir la volonté d'exécuter l'acte, malgré le vice originaire, et donc paralyser les effets de la nullité.

Elles peuvent tout autant souhaiter que la nullité développe ses effets, alors même qu'elles auraient déjà exécuté tout ou partie de l'acte nul.

Le droit prend en compte ces velléités, pour offrir aux parties la possibilité de sauver un acte de la nullité, c'est-à-dire le **confirmer** (I), ou, au contraire, pour remettre les parties dans la situation qui devrait être la leur, puisque le contrat est censé ne jamais avoir existé, en d'autres termes, pour procéder aux **restitutions** (II).

I. La confirmation de l'acte nul

Les contrats affectés de **nullité relative**, et seulement ceux-ci, peuvent être purgés de leur défaut. En toute rigueur, l'on doit distinguer la **confirmation** et la **réfection** du contrat (à ne pas confondre avec la **réfaction**, qui est par exemple la diminution du prix stipulé à un contrat de vente en cas de livraison non conforme, en qualité ou en quantité).

La **réfection** d'un contrat est un **acte bilatéral** par lequel un nouveau contrat se substitue à l'ancien, sans en avoir les vices (par exemple, on réintègre une stipulation obligatoire, omise dans le premier contrat).

La **confirmation** est un **acte unilatéral** prévu par l'article 1182 du Code civil, qui la définit comme « l'acte par lequel celui qui pourrait se prévaloir de la nullité y renonce. Cet acte mentionne l'objet de l'obligation et le vice affectant le contrat). Elle permet de maintenir l'acte initial, qui sera considéré comme n'ayant jamais été invalide. La confirmation doit manifester l'intention de purger l'acte initial de son vice (violence, erreur, dol, ...). Elle peut être tacite, se manifestant notamment par l'exécution volontaire du contrat, après la cessation du vice (par exemple, après que le contractant s'est rendu compte de son erreur) (art. 1182 *in fine*).

Attention

L'article 1183 du Code civil, issu de la réforme de 2016, a pour ambition de minimiser le temps pendant lequel un contrat est affecté d'un vice, sans pour autant être annulé par un juge. Il dispose en effet que « Une partie peut demander par écrit à celle qui pourrait se prévaloir de la nullité soit de confirmer le contrat soit d'agir en nullité dans un délai de six mois à peine de forclusion. La cause de la nullité doit avoir cessé. L'écrit mentionne expressément qu'à défaut d'action en nullité exercée avant l'expiration du délai de six mois, le contrat sera réputé confirmé ».

Bien entendu, pour être efficace, la confirmation ne doit pas souffrir, elle-même, d'un vice.

Illustration : Cass. Civ. 1, 26 septembre 2012, n° 11-20429

Un mineur, avant même de disposer du permis de conduire, achète seul une moto (ce qui est hors des actes courants que l'usage lui permet de faire seul). Ses parents et lui-même assignent le vendeur en annulation de la vente. Le juge du fond les déboute, estimant que leur comportement, notamment par le fait qu'ils ont entreposé le véhicule chez un tiers, établit une confirmation. Cette décision est cassée par la Cour de cassation, qui relève que le juge de proximité a prononcé par des motifs impropres à établir chez les intéressés la renonciation non équivoque à se prévaloir de la nullité de la vente, alors que la confirmation d'actes nuls exige à la fois la connaissance du vice les affectant et l'intention de le réparer.

II. Le régime des restitutions

A. Le jeu normal des restitutions

La nullité emporte **disparition rétroactive**, et en principe **totale**, de l'acte (Art. 1178 al. 2). Cela ne pose guère de difficultés lorsque le contrat n'a pas été exécuté : il ne le sera jamais, voilà tout. Par contre, si le contrat est exécuté, en tout ou en partie, puisqu'il est censé ne jamais avoir existé, il faut procéder à des **restitutions**. En d'autres termes, il faut remettre les faits en conformité avec le droit : le contrat n'ayant jamais existé du point de vue juridique, il faut défaire les effets qui ont été produits dans les faits.

Chaque cocontractant doit donc recevoir de l'autre ce qu'il lui a donné : par exemple, l'acheteur restitue la chose ; le vendeur rend le prix. Cette **restitution en nature** peut être impossible : tel est le cas parfois lorsque l'acquéreur a disposé de la chose ; lorsque celle-ci a péri ; lorsqu'elle a été consommée. En outre, évidemment, un certain nombre de prestations ne peuvent être répétées : la jouissance d'un appartement ; le bénéfice d'une leçon particulière ; une prestation de travail. Dans un tel cas, les restitutions se font **par équivalent**, c'est-à-dire **en argent** (voyez l'article 1352 du Code civil). La **compensation** pouvant intervenir entre les restitutions en équivalent d'une prestation de travail par exemple, et la restitution de salaires, pourrait laisser à penser qu'il n'y a point de rétroactivité : ce n'est qu'une illusion. La dette de restitution est soumise au **nominalisme monétaire** lorsque son débiteur était de bonne foi, mais prend la nature d'une dette de valeur dans le cas contraire (art. 1352-2).

Les dispositions particulières existent aussi pour les **choses frugifères** (art. 1352-3) : depuis la réforme de 2016, les fruits doivent être restitués, tout comme la valeur de la jouissance ; s'ils ne peuvent l'être en nature, ils le seront par équivalent. Par contre, si celui qui doit restituer a exposé des **dépenses nécessaires** à la conservation de la chose, ou **somptuaires** (qui ont augmenté la valeur de la chose), il lui en sera tenu compte (art. 1352-5).

Une distinction doit être faite selon que la personne tenue de restituer était de bonne ou de mauvaise foi : les intérêts, fruits et valeur de la jouissance sont dus à compter du payement en cas de mauvaise foi, mais à compter du jour de la demande en cas de bonne foi (art. 1352-7). Dans ce contexte, la **bonne foi** s'entend de l'ignorance des vices affectant la convention.

L'article 1352-4 prévoit que « Les restitutions dues à un mineur non émancipé ou à un majeur protégé sont réduites à proportion du profit qu'il a retiré de l'acte annulé », ce qui vient contrebalancer la faculté pour ces personnes d'obtenir la nullité.

Lorsque celui qui, pensant avoir acquis un **droit réel** d'un contrat nul, l'a transféré à un tiers, la restitution est susceptible d'affecter le tiers. En effet, en raison de la rétroactivité de l'annulation, celui-ci a acquis ***a non domino***, et en vertu de la maxime *Nemo plus iuris*, (selon laquelle nul ne peut transférer à autrui plus de droit qu'il n'en a), il n'est pas propriétaire de la chose qui aurait été transférée, et il risque une **revendication** de cette chose. Il y a toutefois lieu ici de mentionner les correctifs : l'application de la règle « en fait de meubles, possession vaut titre » (art. 2276 du Code civil) ; l'usucapion ; les maximes « qui doit garantie ne peut évincer » (l'on ne peut pas être évincé par son auteur) et « *Error communis facit ius* » (les actes accomplis par le propriétaire apparent, de bonne foi, restent valables).

B. L'impact de *Nemo auditur*

Le jeu de deux **maximes** peut paralyser le jeu des restitutions : *Nemo auditur propriam turpitudinem allegans*, et *In pari causa turpitudinis cessat repetitio*, qui se traduisent respectivement en « nul ne peut se prévaloir de sa propre turpitude » et « à turpitudes égales il n'y a pas lieu à restitutions ». Il s'agit de la mise en œuvre de **l'exception d'indignité** : celui qui a sciemment conclu un contrat **contraire aux bonnes mœurs**, et qui l'a exécuté, ne pourrait obtenir de restitutions si jamais le contrat était annulé (alors même qu'il devrait restituer la prestation éventuellement reçue d'un contractant de bonne foi).

En particulier, il importe de bien comprendre le sens exact de la première maxime : elle n'interdit pas à celui qui, même sciemment, a conclu un contrat immoral d'en demander la nullité ; elle fait seulement obstacle aux restitutions.

Attention

La règle *Nemo auditur* ne joue que pour faire obstacle aux restitutions consécutives à l'annulation d'un contrat immoral. Elle n'est jamais appliquée dans un autre contexte.

Illustration : Cas d'école

Selon la première maxime, le vendeur d'un immeuble, que l'acheteur transforme en maison de tolérance peut demander l'annulation du contrat, la restitution de l'immeuble, mais, s'il ignorait cette cause immorale, s'opposer à la restitution du prix, en opposant *Nemo auditur* à l'acquéreur.
Selon la seconde maxime, celui qui a acheté une maison de tolérance mais n'en a pas encore payé le prix peut demander la nullité du contrat, mais s'opposer à la restitution de la chose achetée, et donc la conserver, à condition que le vendeur soit dans la même turpitude que lui.

De telles solutions, à première vue, heurtent le sens de la justice ; en réalité, il s'agit d'une astuce juridique. Le droit fait planer une **insécurité** sur les contractants immoraux : le premier qui exécute court le risque de ne jamais recevoir de contrepartie, sans pouvoir obtenir restitution de ce qu'il a versé.

La réforme de 2016, sans condamner l'usage de ces maximes, ne l'a pas non plus consacré.

À retenir

- À condition que la nullité encourue ne soit que relative, les parties peuvent éviter les effets de la nullité grâce à la confirmation de l'acte.
- L'annulation d'un contrat déjà exécuté donne lieu à des restitutions.
- Lorsque l'annulation est justifiée par une contrariété aux bonnes mœurs, les restitutions sont paralysées par l'application de la maxime *nemo auditur.*

Pour aller plus loin

- Ph. Jacques, « D'adage en général et de l'interprétation stricte en particulier », *RTD Civ.* 2008, p. 431
- X. Lagarde, « Retour sur les restitutions consécutives à l'annulation du contrat », *JCP* 2012, n° 16, p. 504
- D. Mazeaud, « Sur quelques tendances fortes en droit des contrats », in C. Chainais et D. Fenouillet (dir), *Les sanctions en droit contemporain*, Dalloz, 2012
- F. Rouvière, « L'évaluation des restitutions après annulation ou résolution de la vente », *RTD Civ.* 2009, p. 617
- Ph. le Tourneau, « La spécificité et la subsidiarité de l'exception d'indignité », *D.* 1994, p. 298
- J. Klein, « Les restitutions », *Dr. et patr.* n° 258, mai 2016, p. 90.
- M. Mignot, « Commentaire article par article de l'ordonnance du 10 février 2016 portant réforme du droit des contrats, du régime général et de la preuve des obligations (XI) », *LPA* 13 mai 2016, n° 96, p. 6.

POUR S'ENTRAÎNER : QCM

1) La maxime qui empêche de considérer qu'un contrat de vente nul transfère la propriété du bien à l'acquéreur est :
   a. *In pari causa*
   b. *Nemo auditur*
   c. *Nemo plus iuris*
2) La maxime qui empêche celui qui contracte sciemment contre les bonnes mœurs d'obtenir restitution des prestations déja effectuées avant l'annulation du contrat est :
   a. *In pari causa*
   b. *Nemo auditur*
   c. *Nemo plus iuris*
3) Si un contrat d'entreprise, obligeant un professeur à assurer des cours particuliers, et un élève à payer le salaire, est annulé, après avoir été exécuté de part et d'autre.
   a. Il n'y a pas lieu de procéder à des restitutions.
   b. Le professeur doit rendre le salaire, mais l'élève ne peut rendre le bénéfice des leçons. Tant mieux pour lui !
   c. Le salaire est à restituer, tout comme le bénéfice des leçons, qui le sera par équivalent. Ces deux dettes se compensent de telle sorte qu'il est possible qu'elles s'éteignent complétement.

CORRIGÉ

1) c. ; 2) b. ; 3) c.

Fiche n° 25

Les autres sanctions du défaut de validité

Définitions

Lésion : préjudice subi par une partie du fait d'un déséquilibre du contrat.

Rescision : annulation d'un acte pour cause de lésion (l'intérêt de la distinction entre les termes annulation et rescision, important dans l'ancien droit, est aujourd'hui perdu).

La **nullité** est parfois une sanction **inopportune** ou **insuffisante** pour remédier à un défaut de validité d'un contrat. Une palette de sanctions complémentaires existe : une somme d'argent, c'est-à-dire des **dommages et intérêts** peuvent être octroyés (I) ; un anéantissement spécifique, la **rescision**, sanctionne dans certaines conditions un déséquilibre contractuel (II) ; parfois, le contrat garde une efficacité entre les parties, qui ne peuvent toutefois s'en prévaloir contre les tiers, il s'agit de **l'inopposabilité** (III).

I. Les dommages et intérêts

Attention

Il n'est question ici que des sanctions du défaut de validité du contrat, c'est-à-dire d'imperfections affectant le contrat dès sa conclusion. Des dommages et intérêts peuvent également être octroyés en cas d'inexécution d'un contrat (cf. fiche n° 34), mais le fondement est autre.

Les **dommages et intérêts** apparaissent comme une sanction complémentaire à la nullité, qui vient compenser un **préjudice** né d'une **faute** (dol, manquement à une obligation d'information, contravention consciente à une règle d'ordre public...), et qui n'est pas résorbé par la **nullité**. Par conséquent, lorsqu'une erreur est spontanée et non exploitée par l'autre partie, et qu'elle conduit à la nullité du contrat, alors même que l'une des parties subirait un préjudice, elle ne pourrait en obtenir réparation : la condition de la **faute** n'est pas satisfaite.

Puisque le contrat est nul, il est censé n'avoir jamais existé, le fondement des dommages et intérêts ne peut être **qu'extracontractuel**.

II. La rescision pour lésion

Par principe, le droit se préoccupe assez peu de **l'équilibre des conventions** (voir fiche n° 20). Ainsi, il importe peu que le contrat soit désavantageux pour l'une des parties. Un tel contrat déséquilibré est parfois nommé **pacte lésionnaire**, en tant qu'il est créateur d'une **lésion**. La lésion n'est pas un vice du consentement : c'est un **déséquilibre objectif** dans le contrat. Dans certains cas, la lésion conduit à la **rescision**.

Le terme de **rescision** et les mots de la même famille (rescinder) peuvent être pris pour synonymes de **nullité** et de ses dérivés. La dualité des termes employés provient de règles de l'ancien droit, aujourd'hui abandonnées, mais l'usage (épargné pour l'instant par les soi-disant lois de simplification du droit) reste de désigner par le mot rescision l'annulation d'un contrat en cas de lésion. Ce n'est qu'exceptionnellement que la lésion donne lieu à rescision.

En **matière immobilière**, le Code civil consacre à l'article 1674 la prise en compte de la lésion dite « **énorme** ». Ainsi, si le vendeur a été lésé de plus de sept douzièmes dans le prix d'un immeuble, il a le droit de demander la rescision de la vente. L'article 1681 précise que dans le cas où l'action en rescision est admise, l'acheteur a le choix, ou de rendre la chose en retirant le prix qu'il en a payé, ou de garder le fonds en payant le supplément du juste prix, sous la déduction du dixième du prix total (le droit tient compte du fait que l'acheteur a réalisé une bonne affaire !).

Illustration : Cass. Civ. 3, 4 décembre 2011, inédit, pourvoi n° 11-25385

Un terrain est vendu sans qu'il soit officiellement déclaré constructible, au prix d'un terrain non constructible ; néanmoins, à dires d'experts, sa constructibilité était certaine lors de la vente, ce qui, évidemment, le renchérit considérablement. Une lésion énorme a donc pu être retenue : la valeur à prendre en compte est celle du bien au jour de la vente.

D'autres rescisions pour lésion se rencontrent. La lésion de plus du quart permet également de rescinder les partages successoraux ; et la lésion simple permet de rescinder les actes faits par les mineurs (article 1149), ou les majeurs placés sous un régime de protection. Ainsi, les actes d'une personne placée sous **sauvegarde de justice**, qui conserve donc l'exercice de ses droits, peuvent être rescindés pour simple lésion (Art. 435 du Code civil).

En matière de **cession du droit d'exploitation d'une œuvre littéraire ou artistique**, l'Article L. 131-5 du Code de la propriété intellectuelle prévoit la sanction d'une lésion de plus des sept douzièmes, mais, de manière originale, celle-ci ne conduit pas à une rescision mais à une r**évision des conditions de prix** du contrat. La lésion de plus du quart dans l'**achat d'engrais** ou d'amendements, des semences et plants destinés à l'agriculture, et des substances destinées à l'alimentation des animaux de la ferme (Art. 1 de la loi du 8 juillet 1907 concernant la vente des engrais) a la particularité d'être réservée à l'acheteur, et de conduire non à une rescision, mais à une action en **réduction de prix** et **dommages et intérêts** (Voir les Fiches de droit des contrats spéciaux, J. Le Bourg, Fiche n° 10).

III. L'inopposabilité

L'inopposabilité est le caractère d'un acte valable entre les parties, mais dont elles ne peuvent se prévaloir à l'égard d'un tiers. Elle concerne notamment les actes qui, alors qu'ils devraient être soumis à la **publicité foncière**, ne sont pas publiés. Ainsi, si une vente immobilière n'était pas publiée, que le vendeur cédait à nouveau le bien à une autre personne, et que ce dernier acquéreur réalisait en premier la publicité foncière, alors le premier acquéreur ne pourrait pas lui opposer le contrat de vente qu'il a pourtant valablement conclu.

De même, mais cela sera revu avec l'étude de la **simulation** (cf. fiche n° 28), les **contre-lettres**, valables entre les parties, sont inopposables aux tiers.

À retenir

- Si une faute a été commise dans la formation du contrat, le préjudice ainsi causé peut être réparé par des dommages et intérêts extracontractuels.
- La rescision pour lésion entraîne, dans des cas limitativement énumérés, la disparition du pacte lésionnaire.
- L'inopposabilité est une sanction du contrat qui n'affecte pas sa validité entre les parties, mais les empêche de s'en prévaloir à l'égard des tiers.

Pour aller plus loin

- J. Deprez, « La lésion dans les contrats aléatoires », *RTD civ.* 1955, 1
- D. Mazeaud, « Réparation des préjudices précontractuels : toujours moins… ? », *D.* 2006, p. 2963

- M. Mekki, « Dommage précontractuel et perte d'une chance de tirer profit d'un contrat », *Gaz. Pal.* 28 novembre 2012, p. 13
- S. Pimont, « À quel moment apprécier la lésion des sept douzièmes dans une vente sous condition suspensive ? », *RDC* 2011, p. 885
- É. Savaux, « La preuve de la lésion dans une vente complexe de biens immobiliers », *RDC* 2012/2, p. 389
- A. Touchard, *La lésion en droit civil français dans le cadre de la justice d'équité*, th. Rennes, 1960, p. 175

POUR S'ENTRAÎNER : CAS PRATIQUE

Zéphyr, un particulier, a acheté un terrain à Zébulon, pour la somme de 50 000 euros. Zébulon, qui n'avait pas remarqué la récente révision du plan local d'urbanisme, estimait qu'il s'agissait d'un très bon prix pour des terres agricoles. En réalité, et Zéphyr le savait – mais il ignorait en revanche l'erreur dans laquelle se trouvait Zébulon – le terrain est constructible, de telle sorte qu'il valait, au jour de la vente, 100 000 euros ; et, au jour où Zébulon se rend compte de son erreur, 120 000 euros. Zébulon dispose-t-il d'un moyen pour remettre en cause la vente, ou, du moins, pour obtenir de son acquéreur une certaine somme d'argent ?

CORRIGÉ

Aucune action sur le fondement des vices cachés ne semble possible. En effet, il n'y a nulle trace, dans les faits, de manœuvres ou de réticence dolosives ; en outre, l'erreur dans laquelle se trouvait Zébulon, à supposer qu'elle soit considérée comme substantielle, est inexcusable, comme erreur sur sa propre prestation.

Zébulon ne peut valablement invoquer un droit à obtenir des dommages et intérêts : à supposer qu'il puisse faire état d'un préjudice, il ne pourrait démontrer une faute de l'acheteur, qui n'était tenu, a fortiori comme simple particulier, d'aucune obligation d'information, et qui ne l'a en rien induit en erreur.

Concernant la lésion, si l'on admet que Zébulon est un majeur qui ne fait pas l'objet d'une mesure de protection, elle est effectivement envisageable, puisqu'il s'agit d'une vente immobilière déséquilibrée au profit du vendeur. Néanmoins, seule la lésion énorme, c'est-à-dire de plus des sept douzièmes permet une rescision ou le payement d'un complément de prix. Or, la valeur du terrain à prendre en considération est celle qu'il avait au moment de la vente. À cette époque, le quotient entre le prix payé et sa valeur n'atteint pas le seuil requis pour que la lésion développe ses effets.

Troisième partie

L'exécution du contrat

Fiche n° 26

Le contrat et les parties : force obligatoire

Définitions

Obligations complétives : obligations qui ne figurent pas expressément dans la convention, mais qui en découlent.
Pacta sunt servanda : adage latin exprimant la force obligatoire des conventions.

Exécuter un contrat signifie non seulement **payer les obligations**, mais également se comporter conformément aux **normes** qu'il renferme et qu'il sous-tend. Il s'agit d'un corollaire de **l'autonomie de la volonté** : ce qui a été librement voulu doit être réalisé.

Les **parties** elles-mêmes sont concernées au premier chef par l'exécution du contrat. Néanmoins, lorsque naît une difficulté, le **juge** est parfois amené à prêter son concours à l'exécution du contrat ; il doit, ce faisant, également le respecter. En outre, il se peut que des **tiers** soient intéressés, ou au contraire affectés, par l'exécution du contrat, qui apparaît en principe pour eux comme un fait juridique.

Avant la réforme de 2016, les articles 1134 et 1135 du Code civil prévoyaient tant la force obligatoire des conventions et des obligations complétives, que la nécessité d'exécuter de bonne foi.

Désormais, L'article 1103 du Code civil dispose que « Les contrats légalement formés tiennent lieu de loi à ceux qui les ont faits », et l'article 1104 que « Les contrats doivent être négociés, formés et exécutés de bonne foi ».

Ainsi, l'exécution du contrat par les parties a deux caractères, elle est **obligatoire** (I) ; elle doit être de **bonne foi** (II).

I. La force obligatoire de la convention elle-même

La **force obligatoire** contraint au respect de la convention, c'est-à-dire non seulement de l'*instrumentum*, mais de tout le *negotium*.

Illustration : Cass. Civ. 1, 6 mai 2010, n° 08-14461

Un contrat est conclu entre un élève et un centre de formation professionnelle. Un document publicitaire mentionnait l'obligation du centre de trouver un employeur à ses élèves, à l'issue de la formation. Cette obligation n'était pas reprise dans l'instrumentum du contrat. Pour cette raison, les juges du fond ont décidé qu'elle n'avait pas de force obligatoire. Ce jugement a été cassé par les Hauts magistrats : les documents publicitaires ayant déterminé le consentement, ils appartiennent au contrat et les obligations contenues doivent être respectées.

En outre, cette force obligatoire prohibe la **modification** ou la **révocation unilatérales** du contrat, ce contrat pouvant perdurer à l'identique malgré la survenue d'une **loi nouvelle**.

A. Prohibition de la modification unilatérale du contrat

La convention formant la **loi des parties**, il est impossible à l'une seule d'entre elles de la modifier ; c'est ce qu'exprime la formule de l'article 1193 : « Les contrats ne peuvent être modifiés ou révoqués que du consentement mutuel des parties, ou pour les causes que la loi autorise ». Bien sûr, une **renégociation** du contrat est toujours possible : un nouveau contrat est alors formé, ou un avenant lui est ajouté – ce qui n'est en rien une atteinte à la force obligatoire.

Toutefois, principalement dans les contrats à **exécution successive**, il importe que des évolutions soient possibles, nonobstant l'absence d'accord des parties. Des clauses **d'indexation**, par exemple, permettent ainsi de faire varier le prix des prestations.

Enfin, la pratique tend à insérer dans un certain nombre de contrats des clauses de révision, qui, si certaines circonstances se présentent, obligent les parties à renégocier leur accord. Ainsi, il peut être prévu que si les prix de l'énergie dépassent un certain plafond, alors il conviendra de renégocier un contrat. De telles clauses n'obligent pas les parties à parvenir à un nouvel accord, elles les obligent simplement à renégocier de bonne foi, sous peine d'engager leur responsabilité. En cas d'absence d'accord, mais sans mauvaise foi de part et d'autre, l'application de telles clauses emporte en principe caducité du contrat.

Attention

La renégociation d'un contrat, par essence bilatérale, ne doit pas être confondue avec la détermination unilatérale du prix (cf. fiche n° 19).

B. Prohibition de la révocation unilatérale du contrat

De même qu'une partie ne peut unilatéralement modifier le contrat, il est également impossible en principe pour un seul des cocontractants de mettre fin à l'accord (l'on se situe ici par hypothèse hors des cas où le contrat prend fin parce que son terme est échu, ou qu'il a été entièrement exécuté). En poursuivant le parallélisme, l'on peut également relever que le consentement des parties à la **cessation anticipée du lien contractuel** est efficace. Là encore, il ne s'agit pas d'une exception à la **force obligatoire**; ce que les parties ont fait par leur consentement, *mutuus consensus*, elles peuvent le défaire par leur *mutuus dissensus*.

Une exception existe toutefois, en raison de la **prohibition des engagements perpétuels** (Article 1210): les contrats à durée indéterminée peuvent toujours être résiliés par l'une des parties, même sans l'accord du cocontractant (Article 1211). La seule limite à cette liberté est celle de **l'abus**: il convient de respecter le délai de préavis contractuellement prévu, ou, à défaut, un délai raisonnable, et ne pas mettre fin brutalement à des relations établies. Il serait encore abusif de résilier immédiatement après avoir poussé son cocontractant à consentir d'importants investissements, qui perdent tout leur sens après la résiliation.

Illustration: Cass. civ. 3, 19 janvier 2005, n° 03-16623:

« L'obligation pour le preneur de rendre la chose prêtée après s'en être servi est de l'essence du commodat; [...] lorsqu'aucun terme n'a été convenu pour le prêt d'une chose d'un usage permanent, sans qu'aucun terme naturel soit prévisible, le prêteur est en droit d'y mettre fin à tout moment, en respectant un délai de préavis raisonnable »

Enfin, mais ce ne sont pas de véritables exceptions, des **clauses résolutoires** sont possibles. Selon leur rédaction, elles peuvent emporter **résolution** du contrat soit en cas de réalisation de certains **événements extérieurs**, soit en raison de la **volonté** de l'un des cocontractants, soit encore en raison de **circonstances mixtes**. De telles clauses sont susceptibles d'être déclarées **abusives**; toutefois, leur jeu est par principe licite.

C. Force obligatoire et loi nouvelle

De l'article 2 du Code civil l'on tire deux principes: **l'absence de rétroactivité de la loi**; et **l'application immédiate** de la loi nouvelle. Ce second principe trouve une **exception** en matière contractuelle. En effet, l'on reconnaît depuis un arrêt du 27 mai 1861 que les effets des contrats en cours demeurent déterminés par la loi en vigueur au moment où ils ont été formés; ils ne sont donc pas affectés par la loi nouvelle. Les justifications de cette dérogation sont variées, mais l'une des plus sérieuses est celle selon laquelle la préservation des **situations juridiques** contractuelles est le pendant de la force obligatoire des conventions.

Toutefois, cette règle n'est pas supra législative: le législateur peut donc prévoir **l'application immédiate** de la loi nouvelle aux **contrats en cours**. Il est arrivé que le juge fasse de même dans le silence du législateur, en cas **d'impérieux besoin social**. Encore faut-il que l'application immédiate de la loi nouvelle soit conforme à la protection des créances en tant que biens, offerte par la Cour européenne des Droits de l'Homme.

II. L'exécution de bonne foi

En prévoyant que les conventions doivent être exécutées de **bonne foi**, l'article 1104 fait entrer dans les effets du contrat une notion au contenu incertain. L'acception actuelle de la bonne foi dans l'exécution de la convention, encore appelée obligation de **loyauté**, est une sorte de moyen terme entre deux extrêmes, les **doctrines individualistes** d'une part, qui postulent que chaque cocontractant ne suit que son intérêt propre; et les **doctrines solidaristes** d'autre part, qui défendent l'idée selon laquelle les contractants doivent agir dans l'intérêt commun, et donc en partie dans l'intérêt de l'autre.

Illustration: Cass. Com. 17 mai 2007, n° 06-12282

Un mandataire est chargé par un opérateur de télécommunications de commercialiser dans une certaine région des abonnements téléphoniques. Or, il cache à ce contractant qu'il exerce la même activité pour un concurrent. Cela a été jugé comme un manquement au devoir de loyauté, induit par le troisième alinéa de l'article 1134 [ancien: aujourd'hui, art. 1104].

La jurisprudence précise la notion de **bonne foi.** Elle met en avant un devoir de cohérence: l'une des parties manque à sa bonne foi si elle se contredit au détriment de l'autre. Ainsi, celle qui a un comportement incompatible avec la convention ne peut par la suite demander l'application de l'une de ses clauses. Les parties auraient encore un **devoir de coopération** : notamment, cela se traduit dans le fait que chacune doit porter à la connaissance de l'autre les informations nécessaires à l'exécution ; au-delà des informations, il convient de fournir à l'autre tout ce qui est nécessaire au succès de l'opération contractuelle.

La notion de bonne foi sert encore à contrôler les **pouvoirs** qui sont octroyés aux contractants. Les pouvoirs, dans ce contexte, sont les **prérogatives** qui peuvent être exercées de manière **unilatérale** par un contractant. Rompre le contrat, fixer un prix si tel en a été convenu, agréer un cessionnaire, sont des pouvoirs qui doivent être utilisés de bonne foi. Si une partie manque à sa bonne foi, elle se trouve dans la situation d'une inexécution contractuelle : l'autre peut demander une indemnisation ou la mise en place d'un autre remède (cf. fiche n° 33).

À retenir

- Les parties à un contrat doivent respecter sa force obligatoire : elles ne peuvent unilatéralement l'abroger ou le révoquer.
- Cette force obligatoire explique que la loi nouvelle ne s'applique pas, par principe, aux contrats en cours.
- Les parties ont le devoir d'exécuter le contrat de bonne foi.

Pour aller plus loin

- P. Ancel, « Les sanctions du manquement à la bonne foi contractuelle en droit français à la lumière du droit québécois », (2011) 45 *R.J.T.* 87
- P. Ancel, « Force obligatoire et contenu obligationnel du contrat », *RTD Civ.* 1999, p. 771
- L. Aynès, « L'obligation de loyauté », *APD*, t. 44, *L'obligation*, 2000, p. 204
- J.-P. Chazal, « De la signification du mot loi dans l'article 1134 alinéa 1er du code civil », *RTD Civ.* 2001, p. 265
- C. Jamin, « Une brève histoire politique des interprétations de l'article 1134 du code civil », *D.* 2002, p. 901
- H. Le Nabasque, « Rôle et place des mécanismes fondamentaux du droit civil en droit des affaires », *RTD com.* 1999, p. 273

POUR S'ENTRAÎNER : QUESTION DE COURS

« En quoi l'exigence d'exécution de bonne foi est-elle liée à la force obligatoire des contrats ? »

CORRIGÉ

Le lien entre l'exigence de l'exécution de bonne foi et la force obligatoire des conventions apparaît tout d'abord d'un point de vue formel, à la lecture du Code : dans les dispositions liminaires sur le contrat, à l'article 1103, le Code civil porte le principe de la force obligatoire du contrat ; immédiatement après, à l'article 1104, vient l'exigence de bonne foi.

D'un point de vue plus substantiel, l'acception actuelle de la bonne foi conduit à imposer un devoir de loyauté aux parties, qui est en faveur d'une exécution régulière du contrat. En outre, par le contrôle qui est fait de l'usage des prérogatives contractuelles sur ce fondement, la bonne foi contribue à assurer le maintien de l'utilité du contrat par chaque partie.

Réciproquement, c'est la force obligatoire qui apporte le fondement pour la sanction des manquements à la bonne foi : agir contrairement à l'exigence de loyauté est une inexécution de la convention.

Fiche n° 27

Le contrat et les parties : contenu obligationnel

Définitions

Équité : correctif de la rigueur du droit au bénéfice d'un idéal de justice.

Le contrat est un acte **créateur d'obligations** ; celles-ci ont leur propre **force contraignante** pesant sur le débiteur.

Ces obligations sont multiples quant à leur source, et diverses quant à leur intensité. Quant à leurs sources, l'on distingue celles qui naissent directement de la convention, et les **obligations complétives** qui dérivent indirectement de la convention, par le biais d'autres sources (I). Quant à leur intensité, certaines obligations imposent au débiteur de mettre en œuvre tous les **moyens** possibles pour atteindre un but, quand d'autres ne seront considérées comme exécutées que lorsqu'un **résultat** déterminé sera atteint (II).

I. Obligations convenues et obligations complétives

L'article 1194 dispose que : « *Les contrats obligent non seulement à ce qui y est exprimé, mais encore à toutes les suites que leur donnent l'équité, l'usage ou la loi* ».

À côté du **consentement** lui-même, les obligations contractuelles naissent donc de trois sources autres : **l'équité**, **l'usage**, la **loi**. Dans beaucoup de cas, en réalité, c'est la **jurisprudence** qui est la source formelle de telles obligations, le triptyque visé par la loi étant une source idéale. Il est vrai, que ces dernières décennies, les juges ont créé de plus en plus **d'obligations complétives**. Certains auteurs évoquent le « **forçage** » du contrat : on ferait entrer au contrat des choses qui lui sont parfaitement étrangères.

La **loi** est certainement la source d'obligations complétives qui pose le moins de difficultés ; à ce qui est expressément convenu, s'ajoute ce qui est de la **nature** des conventions, au sens que donnait à ce mot Pothier. **L'usage** s'entend ici comme visant les habitudes d'un corps de métier particulier, voire les usages envers les salariés. **L'équité**, comme source d'obligations complétives, est l'un des rares exemples de prise en compte de cette notion en droit civil. Il s'agit certainement du standard le plus souple.

Illustration : Cass. Civ. 1, 15 mai 2002, n° 99-21090

Le titulaire des droits sur une image autorise l'utilisation de cette image par une société de presse pour qu'elle fasse la couverture du magazine, mais lui interdit l'utilisation de ce cliché à des fins publicitaires. La société de presse utilise des fac-similés de la couverture pour assurer la promotion du magazine. Elle est assignée en contrefaçon et payement de dommages et intérêts par le titulaire des droits sur l'image. L'arrêt accueillant cette demande est cassé par la Cour de cassation, en ce qu'il existe un usage permettant l'exposition publique de la couverture d'un magazine pour en faire la promotion.

Attention

Ces sources d'obligations ne permettent au juge que de compléter les conventions. Il est de jurisprudence constante que le juge ne saurait faire état de l'équité ou de l'usage pour soustraire l'un des contractants à l'accomplissement des engagements clairs et précis qu'il a librement assumés.

La liste des obligations complétives s'enrichit au fur et à mesure des évolutions de la jurisprudence. On peut les regrouper en trois grandes catégories. L'on trouve tout d'abord les **obligations de sécurité**, d'abord découvertes en matière de transport de personnes, elles ont été étendues au contrat d'hébergement, à certains contrats d'entreprise... Des auteurs soulignent le caractère artificiel que prend parfois cette obligation ; il est toutefois établi que, pour certains contrats (l'on pense notamment au contrat de transport mais aussi à celui conclu avec le gérant d'une attraction foraine), l'assurance d'une sécurité est bien une condition du consentement.

L'on a découvert encore une **obligation de garantie**, créée par la loi en matière de vente, mais étendue par la jurisprudence sur le fondement de l'équité en matière d'assistance bénévole ou de contrat de travail. Ainsi, celui qui sollicite un coup de main amical pour une tâche précise, doit indemniser celui qui vient en aide si un dommage est causé. Un employeur doit supporter les frais de justice demandés à un salarié pour des actes commis dans l'exercice de ses fonctions.

Enfin, les **obligations d'information et de conseil** ne cessent pas avec la conclusion du contrat. Bien au contraire, ces obligations, avant tout précontractuelles, trouvent leur prolongement lors de l'exécution du contrat, que ce soit pour des contrats de service, pour des prestations thérapeutiques, mais aussi pour la fourniture de matériel.

II. Obligations de moyens et obligations de résultat

Afin notamment d'établir ultérieurement la responsabilité d'une partie en cas d'inexécution de son obligation, l'on distingue les **obligations de moyens** des **obligations de résultat.**

A. Présentation classique

Selon cette présentation, l'on doit se demander, lorsqu'un contrat a été apparemment mal exécuté, si l'obligation était de **moyens** ou de **résultat.** Obligation de moyens signifie que le débiteur devait **tout mettre en œuvre** pour accomplir sa prestation, sans garantir un résultat. Obligation de résultat signifie que le débiteur doit atteindre un certain **résultat**, et non seulement faire son possible, pour être considéré comme ayant parfaitement exécuté.

La présentation classique en tire une conséquence quant à la responsabilité : pour engager la responsabilité du débiteur, si l'obligation est de moyens, il faut **prouver la faute du débiteur** (c'est-à-dire qu'il ne s'est pas comporté comme l'aurait fait dans les mêmes circonstances une personne normalement prudente et diligente). Si l'obligation est de résultat, **la faute du débiteur est présumée** si le résultat n'est pas atteint, sauf s'il se dégage par la preuve **d'une cause étrangère.**

Cette présentation se traduit dans de nombreux exemples jurisprudentiels, et expliquerait certains articles du Code civil : l'article 1197 donnerait à celui qui doit veiller à la conservation de la chose à titre de dépositaire une obligation de moyens, alors que l'article 1733 soumettrait le locataire plutôt à une obligation de résultat concernant la chose louée qui serait incendiée.

Néanmoins, parce que cette distinction est impuissante à décrire tous les cas envisageables, des **moyens termes** et **variantes** (obligation de moyens renforcée, obligation de résultat atténuée, obligation de résultat aggravée) ont dû être proposés. Ainsi, il est possible que le débiteur s'exonère par la seule preuve de son absence de faute (obligations de moyens renforcée ou de résultat atténuée), ou qu'il doive rapporter non seulement la preuve d'une cause étrangère, mais encore de certains caractères particuliers de celle-ci (par exemple, les caractères de la force majeure, pour l'obligation de résultat aggravée).

Pour connaître la nature d'une obligation, l'on est réduit à se référer à des **indices** : participation, ou non, du créancier à l'exécution de l'obligation ; nature incertaine de certains paramètres ; caractère répétitif de la tâche à accomplir ou non...

Illustration : quelques applications de ces critères

Sur un télésiège, l'obligation de sécurité du transporteur est de résultat pendant la phase de transport, de moyens pendant les phases d'embarquement et de débarquement ; le transporteur ferroviaire était tenu d'une obligation de moyens quant à la ponctualité, jusqu'à ce qu'un arrêt (Cass. Civ. 1, 14 janvier 2016, 14-28227) transforme cette obligation en obligation de résultat...

B. Critique de la présentation classique

La présentation classique encourt plusieurs **critiques**. La distinction ne prend utilité qu'en cas **d'inexécution du contrat** ; pourtant, puisqu'elle concerne la nature des obligations, celle-ci doit être fixée dès le contrat, notamment pour que chaque partie ait une idée de la consistance de son engagement.

En outre, la distinction n'a été créée que pour maintenir l'amarrage de la « responsabilité contractuelle » à la **faute**. Or, d'une manière générale, la faute perd du terrain en responsabilité. L'on admet couramment aujourd'hui que l'on peut être responsable sans avoir commis de faute : la présomption de faute portée par l'obligation de résultat n'a plus d'utilité. Bien plus, cette théorie mélange la **preuve** et le **fond du droit** : une distinction a été créée, sur le fond, pour donner le jour à une règle de preuve.

Par ailleurs, la distinction décrit mal la réalité, sauf à être rendue plus complexe. Plaideurs et magistrats se perdent dans les arcanes des variantes et moyens-termes. Enfin, la distinction est inconnue des modèles étrangers et projets de réforme internationaux : si l'argument n'est pas décisif, il mérite intérêt.

Au final, la distinction des obligations de moyens et de résultat semble **inutile** (l'article 1127 vise simplement l'inexécution de l'engagement). L'intensité de l'obligation ne se découvre pas après inexécution. Il convient, pour chaque obligation, de rechercher ce qui est promis, et de déclencher les remèdes à l'inexécution si ce qui est promis n'est pas obtenu. Ainsi, un garagiste qui répare mal une voiture n'est pas responsable parce qu'il n'est pas admis à prouver son absence de faute, mais seulement parce qu'il s'est engagé à réparer la voiture, et qu'il ne l'a pas fait !

À retenir

- L'article 1194 du Code civil ajoute au contenu de la convention, sur lequel les parties se sont entendues, des obligations complétives provenant de l'usage, l'équité, la loi.
- Une distinction apportée classiquement entre obligations de moyens et de résultat suggère que certaines obligations sont considérées comme inexécutées lorsque la preuve d'une faute du débiteur est apportée, et que d'autres le sont par le seul fait qu'un résultat ne soit pas atteint.

Pour aller plus loin

- R. Demogue, *Traité des obligations*, T. V, Rousseau et cie, 1928, n° 1237
- D. Fenouillet, « Les effets du contrat entre les parties », *RDC* 2006, p. 67
- B. Fessard, *Les obligations non matérialisées dans les contrats*, th. Montpellier, 2015, https://tel.archives-ouvertes.fr/tel-01342592
- Ph. Jacques, *Regards sur l'article 1135 du Code civil*, th. Dalloz 2005
- C. Jamin, « Plaidoyer pour le solidarisme contractuel », in *Mélanges J. Ghestin*, LGDJ 2001, p. 441
- X. Lagarde, « Aspects civilistes des relations individuelles de travail », *RTD Civ.* 2002, p. 435
- L. Leveneur, « Le forçage du contrat », *Dr. et pat.* 1998, n° 58, p. 69

POUR S'ENTRAÎNER : QCM

1) Le juge, sur le seul constat qu'une clause contractuelle heurte l'équité, peut la réputer non écrite.
   a. Vrai
   b. Faux
2) Les parties n'ont *a priori* pas besoin de reprendre dans leur contrat les conséquences que la loi attache à leurs obligations pour leur donner un effet.
   a. Vrai
   b. Faux
3) Suivant la théorie de la distinction entre les obligations de moyens et de résultat, l'obligation de sécurité pesant sur un guide de haute montagne est une obligation de résultat.
   a. Vrai
   b. Faux

CORRIGÉ

1) b. ; 2) a. ; 3) b.

Fiche n° 28

Le contrat et les parties : la simulation

Définitions

Acte apparent ou ostensible : acte que les parties à une simulation donnent à voir, mais qui ne reflète pas leur intention.

Contre-lettre ou acte occulte : acte que les parties à une simulation tiennent secret, qui permet de réaliser l'opération qu'elles souhaitent.

La **simulation** a déjà été évoquée en ce qu'elle est liée à une sanction particulière de la formation du contrat, **l'inopposabilité** (cf. fiche n° 25). Du point de vue de l'exécution de la convention et de la portée de sa **force obligatoire**, la simulation tient une place particulière : la **simulation** (I) fait qu'une convention peut ne pas développer les mêmes effets entre les **parties** et à l'égard des **tiers** (II).

I. La notion de simulation

L'on parle de **simulation** lorsque les parties concluent deux actes : l'un, appelé **acte ostensible**, est destiné à masquer l'autre, **l'acte secret** ou la **contre-lettre**. La simulation n'est pas illicite en soi ; par contre, elle se révèle très souvent **frauduleuse** en pratique.

La simulation peut avoir pour but de **masquer l'inexistence d'un acte** : l'on fait comme si un acte intervenait, mais on le neutralise par un acte secret. Ce type de simulation est utilisé pour mettre en place des **fraudes pauliennes** (cf. fiche n° 30) : un débiteur poursuivi par ses créanciers donne, par un acte ostensible, ses biens à un complice, afin de devenir insolvable. L'acte secret, dans un tel cas, stipule que le donateur reste en réalité propriétaire des biens.

La simulation peut aussi avoir pour but de **dissimuler la nature véritable de l'acte** : en apparence, il s'agit d'une vente ; en réalité, il est stipulé que le prix ne sera pas payé, il s'agit donc d'une donation. L'intérêt d'une telle simulation peut être de détourner les règles de la donation, soit pour échapper à l'impôt, soit, pour un père ou une mère, afin d'avantager l'un de leurs enfants, au-delà de ce qui est permis par le droit patrimonial de la famille.

La simulation peut également avoir pour but de **masquer l'identité des parties** ; on l'appelle ici « interposition de personne » ; cette figure a été déjà vue : il s'agit de la **représentation indirecte** (cf. fiche n° 7).

Enfin, la simulation peut avoir pour but de **dissimuler l'objet réel de l'acte** ; habituellement, il s'agit de minorer un prix de vente. Une telle minoration permet de diminuer les droits de mutation, ou de ne pas faire apparaître au grand jour une sous-évaluation du bien pour le calcul de l'assiette de l'impôt de solidarité sur la fortune.

II. Les effets de la simulation

Indépendamment de toute éventuelle fraude, la simulation pose un problème au niveau de la **force obligatoire** des contrats. Elle consiste en effet en la juxtaposition de **deux conventions** que l'on va considérer valables, mais qui sont contradictoires. Puisqu'en principe, seules les parties, et non les tiers, connaissent l'existence de l'acte secret, les effets de la simulation diffèrent quelque peu selon que l'on s'intéresse aux effets entre les parties, ou entre les parties et les tiers.

Ainsi, l'article 1201 dispose que « Lorsque les parties ont conclu un contrat apparent qui dissimule un contrat occulte, ce dernier, appelé aussi contre-lettre, produit effet entre les parties. Il n'est pas opposable aux tiers, qui peuvent néanmoins s'en prévaloir ».

A. Entre les parties

Le principe est que la simulation est **neutre entre les parties**. Cela signifie que l'on ne va considérer que l'opération qu'elles ont véritablement projetée, c'est-à-dire l'acte secret. Si cet acte secret est intrinsèquement valable, alors le fait qu'il ait été dissimulé n'est pas, en principe, une cause de nullité ; en revanche, dissimuler une contre-lettre atteinte d'une cause de nullité ne rend pas valable l'opération.

Dès lors qu'une **fraude** est prouvée, soit du droit des tiers (et notamment des droits du fisc), soit à l'égard de l'ordre public ou des bonnes mœurs, alors la contre-lettre est nulle. L'on hésite alors quelquefois pour savoir si c'est toute l'opération qui doit être annulée, ou s'il faut donner effet à l'acte ostensible (étant entendu qu'il ne reflète pas l'accord de volonté des parties).

Certaines dispositions légales prévoient expressément la **nullité de la contre-lettre**, et la **pleine efficacité du seul acte ostensible**. Cela est notamment le cas de l'article 1202 du Code civil, qui prévoit la nullité de la contre-lettre ayant pour effet de minorer un prix, notamment pour dissimuler une partie du prix d'une vente d'immeuble (afin d'échapper à une partie des droits de mutation). Ainsi, si un acheteur arrive à convaincre un vendeur de dissimuler une partie du prix de vente, non seulement il ne pourra lui être ordonné de payer cette fraction du prix ; mais encore pourra-t-il la répéter si jamais il l'avait payé. La moralité n'y trouve certainement pas son compte, mais la lutte contre les dessous-de-table semble à ce prix.

B. À l'égard des tiers

L'article 1202 *in fine* crée une étrange, mais justifiée, dysmétrie quant à l'effet de la simulation à l'égard des tiers.

D'une part, le contrat occulte n'est pas **opposable** aux tiers. Cela signifie qu'une partie ne peut se prévaloir de la contre-lettre à l'encontre d'un tiers. Imaginons qu'une simulation ait eu pour but la minoration du prix de vente d'un immeuble, et qu'une préemption soit demandée : il est absolument impossible de demander, à celui qui préempte, le complément de prix prévu dans la contre-lettre. La règle vaut même si la simulation n'est pas frauduleuse.

Toutefois, les tiers, et notamment les **ayant-cause à titre particulier** et les **créanciers chirographaires** peuvent se prévaloir indifféremment de la contre-lettre s'ils la connaissent, ou de l'acte ostensible, du moins s'ils sont de **bonne foi** – c'est-à-dire, s'ils n'ont pas participé à la simulation. L'action consistant à demander l'application de la contre-lettre s'appelle « action en déclaration de simulation ». La simulation étant un fait juridique, elle se prouve par **tout moyen**.

Illustration : Cass. Civ. 1, 17 septembre 2003, n° 01-12925

Une personne dans une situation délicate à l'égard de l'administration fiscale vend à sa concubine des immeubles. Subodorant une simulation, le receveur des impôts l'assigne en déclaration de simulation, pour faire déclarer inopposable à l'administration les actes de vente (et donc, pour que le fisc puisse saisir les biens prétendument vendus). S'appuyant sur différents éléments, notamment la communauté de vie entre le vendeur et l'acquéreur, et la date de la cession précédant d'une semaine seulement un dépôt de bilan, la Cour d'appel, approuvée par la Cour de cassation, a accueilli les demandes de l'administration fiscale.

Il se peut que deux tiers cherchent à se prévaloir, l'un de l'acte ostensible, l'autre de l'acte secret. Cela peut être le cas en cas de vente simulée, lorsque le créancier du vendeur et le créancier de l'acheteur cherchent à mettre la main sur le bien apparemment vendu. Dans un tel cas de conflit, préférence est donnée à celui qui se prévaut de **l'acte apparent**.

À retenir

- La simulation est un procédé par lequel les parties dissimulent un acte secret au moyen d'un acte ostensible.
- L'acte secret est valable entre les parties – sauf s'il est frauduleux, mais inopposable aux tiers.
- Les tiers peuvent en principe se prévaloir indifféremment de l'acte secret ou de l'acte ostensible.

Pour aller plus loin

- L. Arcelin, « Interposition de personne et prête-nom : deux cas de simulation ? », *LPA* 16 juillet 2002 n° 141, p. 20
- J.-D. Bredin, « Remarques sur la conception jurisprudentielle de l'acte simulé », *RTD civ.* 1956, p. 261
- Y. Dagorne-Labbé, « La preuve de la simulation », *JCP G* 8 novembre 2010, p. 2108
- Y.-M. Laithier, « La simulation ou la nécessaire concomitance de la contradiction », *RDC* 2011, p. 43
- F. Leduc, « Réflexions sur la convention de prête-nom », *RTD Civ.* 1999, p. 283
- T. Tauran, « La subtile distinction entre les donations indirectes et les donations déguisées », *RRJ* 2011, p. 809

POUR S'ENTRAÎNER : QUESTION DE COURS

La simulation est-elle licite ?

CORRIGÉ

Par principe, la simulation est un procédé licite. Rien n'empêche les parties, dans un souci de discrétion, de procéder à une interposition de personne, ou de dissimuler une donation derrière une vente.

Néanmoins, cette position de principe est bien souvent renversée, en ce que la simulation ne saurait être valablement utilisée, soit pour contourner des dispositions impératives, soit pour frauder le droit des tiers – et singulièrement ceux de l'administration fiscale. La loi, parfois, interdit directement certains types de simulation (comme, art. 1202, la dissimulation d'une partie du prix de vente d'un immeuble).

En outre, les tiers, sans même avoir besoin de démontrer la fraude ou l'intention de nuire, peuvent invoquer dans une assez large mesure la contre-lettre.

Pour ces raisons, l'on peut dire que, si la simulation est *a priori* licite, elle est assez facilement privée d'efficacité, voire franchement condamnée. Elle s'avère en tous cas un procédé dangereux pour les parties.

Fiche n° 29

Le contrat et les tiers : l'effet relatif des conventions

Définitions

Ayant-cause : personne qui tient des droits ou des obligations d'une autre.

Penitus extranei : « complètement étrangers », tiers au contrat, qui ne sont donc ni des parties au contrat, ni des ayants cause.

Créancier chirographaire : créancier qui ne peut invoquer de cause de préférence (comme une sûreté), et dont le gage est le patrimoine du débiteur.

Le contrat est la **chose des parties** ; comme tel, il ne devrait en rien concerner les **tiers**. Affirmer cela sans nuance serait toutefois manquer de réalisme : s'il reste vrai que le principe de **l'autonomie de la volonté** empêche d'obliger un **tiers** contre son gré, les contrats affectent inévitablement les tiers de plusieurs manières.

Ainsi, l'article 1199 dispose que « Le contrat ne crée d'obligations qu'entre les parties. Les tiers ne peuvent ni demander l'exécution du contrat ni se voir contraints de l'exécuter [...] », et l'article 1203 que « On ne peut s'engager en son propre nom que pour soi-même ». Par contre, l'article 1200 porte que « Les tiers doivent respecter la situation juridique créée par le contrat. Ils peuvent s'en prévaloir notamment pour apporter la preuve d'un fait ».

Peut-être faut-il s'entendre sur le sens exact du mot tiers : il désigne en principe toutes les personnes autres que les parties à l'accord. Par contre, il se peut qu'au cours de la vie du contrat certaines personnes soient substituées aux contractants initiaux. Il en est ainsi en cas de décès de l'un des cocontractants, lorsque ses créances ou dettes passent à ses **héritiers** (l'on parle alors d'ayants cause à titre universel) – l'on peut également penser, à ce titre, aux **fusions** de sociétés commerciales. Il en est encore de même, à l'égard des **ayants cause à titre particulier** : ainsi, lorsqu'un immeuble d'habitation est vendu, le bail qui avait été donné par le vendeur se poursuit à l'égard de l'acheteur.

L'effet relatif des conventions signifie que l'on ne peut faire rentrer dans un lien d'obligations une personne qui n'y consent pas, soit comme **créancier**, soit comme **débiteur.** Il ne signifie en rien que les tiers ne sont pas affectés par l'existence d'un contrat. L'on dit aux termes d'une analyse (relativement contestable) que le contrat est, pour les tiers, un **fait juridique**.

Ainsi, le contrat est **inopposable** aux tiers en tant **qu'acte juridique**, ce qui signifie qu'il ne peut obliger les tiers (I) ; par contre, parce qu'il crée ou modifie des situations juridiques, il les affecte comme un **fait juridique** (II).

I. L'inopposabilité du contrat en tant qu'acte juridique

L'article 1199 du Code civil pose le principe de l'effet relatif des conventions ; en effet, l'on ne saurait par un accord entre particuliers, obliger autrui. Réciproquement, ceux qui sont hors du contrat ne disposent pas d'action pour en demander l'exécution – pour le dire autrement, l'on ne s'oblige en contractant qu'à l'égard de ses cocontractants.

Attention

La représentation directe n'est pas une exception à l'effet relatif des conventions, puisque le représentant ne stipule pas en son propre nom, mais au nom d'autrui. La représentation indirecte n'est pas non plus une exception, en ce que l'accord avec le cocontractant ne lie par lui-même que le représentant.

Sur ce point, les **actes collectifs** se démarquent d'ailleurs des **contrats** *stricto sensu :* un accord collectif (décision d'une assemblée générale de copropriété, accord collectif de travail...) lie tous les membres de la collectivité qu'il concerne, y compris ceux qui n'auraient pas consenti ou qui se seraient opposés à cet accord.

Nous avons déjà pu souligner les deux natures du contrat : il est **créateur d'obligations** ; il s'agit d'une **norme juridique.** Sous ces angles, l'effet relatif se justifie pleinement : l'on ne peut être assujetti à une norme sans avoir participé (éventuellement par le biais de représentants dans le cadre de la loi ou du règlement) à son élaboration.

Illustration : Cass. Civ. 1, 19 février 2013, n° 11-26881

Un salarié souscrit par l'intermédiaire de son comité d'entreprise un voyage au Pérou. Apprenant que le Machu Picchu était fermé pour cause de pluies diluviennes, il demande au comité d'entreprise restitution de son acompte, ce qui est accepté par la Cour d'appel, car le comité n'a pas, suite à la modification du programme, accompli les diligences incombant au vendeur de voyages. Le Cour de cassation casse cet arrêt au visa notamment de l'article 1165 [ancien], en ce que les juges du fond n'ont pas établi que le comité d'entreprise avait qualité de vendeur. Étant tiers au contrat, il ne pouvait être soumis aux obligations d'une partie.

Évidemment, il est également impossible pour les tiers de solliciter la **résiliation** d'une convention : un propriétaire bailleur ne peut pas demander l'expulsion du sous-locataire, même s'il n'a pas apporté son concours à l'acte ; des salariés ne peuvent demander au juge de prononcer le licenciement d'un autre…

Illustration : Cass. Civ. 3, 1er février 2012, n° 10-22863

Le propriétaire d'une galerie commerciale consent un bail à l'égard d'un commerçant, avec faculté de sous-location. Une sous-location est effectivement conclue par le preneur, afin que soit ouvert un magasin de chaussures. Le propriétaire demande l'expulsion de ce magasin de chaussures, en ce qu'il serait, à son égard, un occupant sans droit ni titre, et l'obtient devant la Cour d'appel. L'arrêt est cassé, au motif que « le bail principal se poursuivait et que, la sous-location produisant ses effets dans les rapports entre locataire principal et sous-locataire, le bailleur ne pouvait agir en expulsion de ce dernier ».

Néanmoins, l'on peut opposer les **véritables tiers**, encore appelés *penitus extranei*, et des tiers qui conserveraient un lien avec un certain contrat ; ainsi en est-il dans les chaînes ou dans les **groupes de contrats**. À titre d'exemple, si une personne acquiert un bien d'un revendeur professionnel, qui l'avait lui-même auparavant acquis du fabricant, et s'il s'avère que ce bien ne répond pas à ses attentes parce qu'il est atteint d'un vice, elle peut agir directement en **garantie** contre le fabricant. Pourtant, la garantie est une obligation supportée en tant que vendeur, et les deux ne sont pas parties au même contrat de vente – l'explication serait que l'obligation de garantie est transmise avec la chose **à titre d'accessoire**, selon la règle *accessorium principale sequitur*, l'accessoire suit le principal.

II. L'opposabilité du contrat en tant que fait juridique

Les tiers ne peuvent nier l'existence du contrat même s'il ne les lie pas : il s'agit, à leur égard, d'un **fait juridique**. Tel est le sens de l'article 1200 qui, d'une part, impose aux tiers de respecter la situation créée par le contrat, et, d'autre part, leur permet de s'en prévaloir.

Par exemple, alors qu'une personne est bénéficiaire d'un pacte de préférence, et qu'un contrat de vente est conclu en violation de ce pacte, cet événement, à l'égard duquel elle ne peut pas être considérée comme une partie, entraîne néanmoins des suites juridiques.

De même, le contrat, particulièrement s'il entraîne disposition, est de nature à modifier l'assiette du **droit de gage des créanciers chirographaires**: le bien dont il a été disposé ne peut plus être saisi.

En outre, il est possible qu'une personne, qui voudrait établir un droit de propriété sur un bien, recherche les différents contrats qui ont formé une **chaîne translative de propriété** à son égard. Elle invoquera alors ces contrats en tant que faits juridiques: d'ailleurs, sur le plan de la preuve, sera suivi le régime de la preuve des faits juridiques.

Illustration: Cass. Com. 26 février 2013, n° 11-25977

Une caisse de retraite, dont les cotisations sont déposées auprès d'une banque, est victime de détournement de fonds. La caisse conclut un accord avec des unions et fédérations mutualistes à propos de ce litige. Ultérieurement, elle recherche la responsabilité de la banque. Cette dernière se défend en invoquant l'accord – auquel elle n'est, certes, pas partie, et qui est censé mettre fin au litige. Pour rejeter cette exception, la Cour d'appel fait application du principe de l'effet relatif des conventions; la banque n'étant pas partie à l'accord, elle ne peut s'en prévaloir. L'arrêt est cassé par la Cour de cassation: «le tiers à un contrat peut invoquer à son profit, comme constituant un fait juridique, la situation créée par ce contrat».

Par ailleurs, les tiers se doivent de respecter les conventions auxquelles ils ne sont pas parties, au sens où ils ne doivent pas **provoquer** ou se rendre **complices de l'inexécution contractuelle** – à défaut, ils engageraient leur responsabilité extracontractuelle.

Réciproquement, depuis un important revirement de jurisprudence en 2006, les tiers à un contrat peuvent invoquer, sur le fondement de la responsabilité extracontractuelle, un **manquement contractuel** dès lors que celui-ci leur a causé un **préjudice**. Cette question appartient donc, en réalité, à la **responsabilité extracontractuelle** (cf. Fiches de droit de la responsabilité civile extracontractuelle, n° 15).

Enfin, les tiers peuvent avoir un intérêt à demander la nullité du contrat, ce qui est possible lorsqu'il est atteint de **nullité absolue** (cf. fiche n° 23).

À retenir

- Le contrat ne peut être créateur de droits ou obligations pour les tiers : l'on appelle cela l'effet relatif des conventions.
- Une convention est toutefois assimilable à un fait juridique pour les tiers, qui peuvent s'en prévaloir ou se la faire opposer en tant que tel.

Pour aller plus loin

- J.-L. Aubert, « À propos d'une distinction renouvelée des parties et des tiers », *RTD Civ.* 1993, p. 263
- J. Ghestin, « La distinction des parties et des tiers », *JCP* 1992, I, 3628
- C. Guelfucci-Thibierge, « De l'élargissement de la notion de partie au contrat... à l'élargissement de la portée du principe de l'effet relatif », *RTD Civ.* 1994, p. 275
- M. Grimaldi, « Le contrat et les tiers », in *Mélanges Jestaz*, Dalloz, 2006, p. 163
- R. Savatier, « Le prétendu principe de l'effet relatif des contrats », *RTD Civ.* 1934, p. 525

POUR S'ENTRAÎNER : CAS PRATIQUE

J. Rockfort est une star, qui a dévoilé à la journaliste Cristal de nombreux éléments de sa vie privée. Le contrat les liant tous deux stipule que ces informations ne doivent servir qu'à alimenter une biographie écrite par Cristal, et ne jamais être révélées sur un autre support. Lorsque le livre part à l'impression, l'imprimeur, tenu par son contrat avec l'éditeur à un devoir absolu de confidentialité, détourne un livre, et diffuse quelques « bonnes pages » sur internet. Cristal est satisfaite de la publicité ainsi donnée, J. Rockfort, fou de rage, estime que l'imprimeur n'a pas respecté les obligations du contrat qu'il a signé avec Cristal. Qu'en pensez-vous ?

CORRIGÉ

L'effet relatif des conventions (Art. 1199) empêche *a priori* J. Rockfort de reprocher à l'imprimeur de ne pas avoir respecté un contrat auquel ce dernier n'était pas partie. Néanmoins, si l'imprimeur avait connaissance des obligations issues du contrat, il engage sa responsabilité en se rendant complice de la violation du contrat.

Surtout, J. Rockfort a la possibilité d'invoquer, en tant que fait juridique, le contrat (auquel il n'est pas partie) qui lie l'imprimeur et l'éditeur (art. 1200). En effet, le manquement contractuel ainsi caractérisé, en tant qu'il lui cause un préjudice, lui permet d'invoquer, sur le fondement extracontractuel, la responsabilité du débiteur défaillant, et donc d'obtenir des dommages et intérêts.

Fiche n° 30

Le contrat et les tiers : exceptions à l'effet relatif

Définitions

Action oblique : action par laquelle un créancier exerce les droits et actions de son débiteur qui néglige de le faire lui-même, au nom et pour le compte de son débiteur.

Action paulienne : action par laquelle un créancier, qui estime que son débiteur s'est rendu coupable de fraude paulienne (organisation frauduleuse de son insolvabilité) demande à ce que certains actes de disposition de son débiteur lui soient inopposables.

Une analyse réaliste oblige, cela a été vu, à nuancer la portée de l'**effet relatif des conventions**, le contrat étant à tout le moins un **fait juridique** à l'égard des tiers. Plus encore, de véritables exceptions à l'effet relatif des conventions existent : la **stipulation pour autrui** et **l'action directe** (I). Elles sont relativement peu nombreuses, surtout lorsque l'on retranche de leur nombre une fausse exception ; la **promesse de porte-fort** (II).

I. De véritables exceptions

A. La stipulation pour autrui

L'article 1205 pose le principe de la possibilité de la **stipulation pour autrui** : Il s'agit d'une opération à trois personnes : le stipulant, son cocontractant (encore appelé le promettant), et le **bénéficiaire de la stipulation**. Ce dernier n'intervient pas à l'acte : il s'agit bien d'un tiers. Il se peut même qu'il n'ait pas connaissance de cet acte. Une stipulation pour autrui ne peut que conférer un **avantage** (une créance) à autrui, mais non faire peser une dette sur lui.

Le bénéficiaire peut être une personne future – comme un enfant à naître, y compris s'il n'est pas encore conçu. Il est ainsi possible de stipuler pour une personne et tous ses héritiers.

Ainsi que l'a précisé la Cour de cassation dès un arrêt du 8 février 1888, la stipulation pour autrui confère immédiatement un droit au tiers au profit duquel elle a eu lieu ; ce droit peut être **révoqué** par le stipulant, mais il devient irrévocable du jour où le tiers bénéficiaire accepte la stipulation pour autrui. Ces règles sont désormais inscrites à l'article 1206 du Code civil.

Avant l'acceptation du tiers, la stipulation pour autrui est intégrée dans une **convention**, sur la modification de laquelle ce tiers n'a pas son mot à dire. C'est bien le **stipulant** qui a la possibilité de modifier ou révoquer la stipulation pour autrui (Art. 1207). Par contre, après son acceptation, le **bénéficiaire** est entré dans les liens contractuels : le stipulant, qui n'est que l'une des parties, ne peut plus révoquer seul la stipulation.

Les **applications** de la stipulation pour autrui sont variées. La plus connue d'entre toutes est certainement **l'assurance vie**, y compris lorsqu'un contrat de capitalisation est couplé à une assurance vie. Ce contrat se noue entre le souscripteur et l'assureur, et une clause est prévue dans laquelle le souscripteur désigne des personnes qui, à son décès, seront bénéficiaires des sommes concernées par l'assurance vie. Il s'agit d'une stipulation pour autrui.

L'on peut imaginer de nombreuses autres figures contractuelles : ainsi, de la promesse de vente avec faculté de substitution : dans un tel cas, le bénéficiaire de la promesse stipule pour telle autre personne, qui pourra également lever l'option. Un montage similaire est possible pour un pacte de préférence.

Illustration : Paris, 18 juin 1957 : JCP 1957. II. 10134 (2e esp.), note Lindon

Le vendeur d'un timbre sollicite une expertise, pour une meilleure information de l'acquéreur. Or, il se trouve que l'expert, contractuellement lié avec le seul vendeur a priori, a mal exécuté son contrat, ce qui cause un préjudice à l'acquéreur. Il est reconnu que l'expert engage sa responsabilité contractuelle à l'égard de ce dernier, qui est considéré comme bénéficiaire d'une stipulation pour autrui.

Enfin, la jurisprudence a eu l'occasion de découvrir des **stipulations pour autrui tacites** dans certains cas. Par exemple, il est reconnu que dans un contrat de transport, les parties stipulent implicitement, qu'en cas de dommages corporels, une indemnisation devra être versée aux proches de la victime.

B. L'action directe

À titre d'exceptions apportées à l'effet relatif des conventions, les articles 1341-1 et 1341-2 du Code civil prévoient respectivement **l'action oblique** et **l'action paulienne.** Il se trouve que ni l'une, ni l'autre de ces deux actions ne sont de véritables exceptions au principe de **l'effet relatif des conventions**. Par contre une action qui s'en rapproche tout en s'en distinguant, **l'action directe**, est, elle, une véritable exception. Jusqu'à la réforme de 2016, l'action directe n'avait pas de substrat textuel; elle est désormais prévue par l'article 1341-3 : « Dans les cas déterminés par la loi, le créancier peut agir directement en paiement de sa créance contre un débiteur de son débiteur».

Par **l'action paulienne**, un créancier attaque l'acte qu'un débiteur a fait en **fraude** de ses droits – c'est le cas lorsqu'un débiteur cherche à **organiser son insolvabilité.** Il vise à obtenir **l'inopposabilité** d'un contrat à son égard (et donc, pouvoir saisir le bien concerné en quelques mains qu'il se trouve). Pour cela, il doit prouver la **fraude paulienne**, et particulièrement **l'intention frauduleuse**, c'est-à-dire la connaissance par les deux parties au contrat de disposition du préjudice porté aux intérêts du créancier (si le contrat est à titre gratuit, la fraude du disposant suffit). Il ne s'agit pas ici véritablement d'octroyer à un tiers (le créancier) des droits issus du contrat.

Par **l'action oblique**, un créancier exerce les droits et actions à caractère patrimonial de son débiteur qui serait **négligent**, et compromettrait ainsi les droits du créancier. L'idée est d'améliorer ainsi la solvabilité de son créancier. À proprement parler il ne s'agit pas d'une atteinte à l'effet relatif des conventions, parce que le créancier exerce l'action **au nom et pour le compte** de son débiteur, un peu comme s'il était un **mandataire.**

Par contre, par **l'action directe**, le créancier exerce en **son propre nom** une action de son débiteur contre l'un des cocontractants de ce débiteur. Il s'agit, alors, véritablement d'une atteinte au principe de **l'effet relatif des conventions** : un tiers à un contrat s'en prévaut, pour bénéficier des droits et actions issus de ce contrat. **L'action directe** n'est pas possible pour tous les contrats : elle n'existe que par **exception.** On la trouve notamment au bénéfice d'un propriétaire à l'égard du sous-locataire : si le locataire ne paye pas son loyer, et néglige de demander le sien au sous-locataire, alors le propriétaire peut directement demander un loyer au sous-locataire. De même, la victime d'un préjudice peut, au lieu d'agir en réparation contre le responsable, intenter une action directe contre l'assureur de ce responsable : elle tire ce droit des règles de la responsabilité civile, mais aussi des stipulations contractuelles.

II. Une apparente exception : la promesse de porte-fort

L'article 1204 du Code civil, qui pose le régime de la **promesse de porte-fort**, apparaît, à sa lecture, comme une exception à l'article 1203, et donc comme une exception à l'effet relatif des conventions. Il dispose : « *On peut se porter fort en* *promettant le fait d'un tiers. Le promettant est libéré de toute obligation si le tiers accomplit le fait promis. Dans le cas contraire, il peut être condamné à des dommages et intérêts. Lorsque le porte-fort a pour objet la ratification d'un engagement, celui-ci est rétroactivement validé à la date à laquelle le porte-fort a été souscrit».*

La **promesse de porte-fort** peut porter autant sur la **conclusion**, que sur **l'exécution** d'un contrat. À l'analyse, l'on se rend compte qu'il ne s'agit que d'une fausse exception. En effet, ce mécanisme ne permet que de promettre l'adhésion d'un tiers à une convention ; on ne le fait en rien adhérer à un contrat. Aucune obligation ne naît pour le tiers en raison de la promesse de porte-fort.

Ainsi, il est possible qu'un coïndivisaire se porte fort du consentement des autres pour un acte à propos duquel leur consentement est requis. Il arrive également qu'un époux se porte fort du consentement de son épouse, lorsque sa participation est requise à un acte, comme pour la vente du logement familial. Concrètement, l'époux promet que l'épouse va accepter de vendre. Si elle accepte, le contrat est formé, et de manière rétroactive, c'est-à-dire non au jour de son acceptation, mais au jour de la promesse de porte-fort. Si elle refuse, le contrat de vente est nul, ou plutôt, **inexistant.** Dans un tel cas, comme le prévoit l'article 1120, celui qui s'est porté fort doit à l'autre contractant une **indemnité.**

Attention

L'obligation de celui qui conclut une promesse de porte-fort est une obligation de résultat. Il doit indemniser l'autre partie alors même qu'il n'aurait commis aucune faute.

Illustration : Cass. Soc. 3 mai 2012, n° 11-10501

Il s'agit d'une application de la promesse de porte-fort dans un contrat de travail : une comédienne avait été engagée pour créer le rôle d'Elvire, dans Don Juan, son contrat de travail stipulait qu'elle aurait une priorité en cas d'organisation d'une tournée ultérieure. Une tournée a bien été organisée, mais elle n'a pas été rappelée, elle a alors sollicité une indemnisation de la part de son employeur. La défense de l'employeur consiste à avancer que la tournée a été organisée par un autre producteur. L'indemnisation a néanmoins été accordée, parce que l'engagement de l'employeur devait être analysé comme une promesse de porte-fort.

Cette obligation d'indemniser passe aux héritiers : la promesse de porte-fort est un véritable **contrat.** Lorsque cela est possible, le promettant peut échapper à la condamnation à indemniser s'il satisfait lui-même à l'engagement pour lequel il s'était porté fort.

À retenir

- Deux exceptions à l'effet relatif des conventions existent: la stipulation pour autrui, qui permet de faire bénéficier à un tiers d'un contrat, et l'action directe, qui permet à un créancier d'exercer les droits et actions tirées d'un contrat conclu par son débiteur.
- Des mécanismes sont parfois pris pour de telles exceptions, alors qu'ils n'en sont pas: l'action paulienne, l'action oblique, ou la stipulation pour autrui.

Pour aller plus loin

- J.-L. Aubert, « Le droit pour le créancier d'agir en nullité des actes passés par son débiteur (un aspect particulier de la théorie générale des nullités) », *RTD Civ.* 1969. 693
- A. Cermolacce, « État des lieux des actions oblique et paulienne », *LPA* 25 janv. 2008, no19, p. 5
- D. R. Martin, « La stipulation de contrat pour autrui », *D.* 1994. Chron, p. 145.
- F. Rouvière, « L'obligation comme garantie », *RTD Civ.* 2011, p. 1
- J.-F. Sagaut, « Variations autour d'une sûreté personnelle *sui generis*: la promesse de porte-fort de l'exécution », *RDC* 2004, p. 840

POUR S'ENTRAÎNER : QCM

1) Dans le contrat entre une banque et un convoyeur de fonds, il est prévu qu'en cas de perte des sommes transportées, le convoyeur est tenu d'indemniser le client. Il s'agit:
   a. D'une promesse de porte-fort
   b. D'une stipulation pour autrui
   c. D'une action paulienne
   d. D'une promesse de coffre-fort
2) Des actions ont pour effet d'accroître l'assiette du gage des créanciers:
   a. L'action paulienne
   b. L'action oblique
   c. L'action directe
3) Dupont et Dupond sont propriétaires indivis d'une automobile ancienne. Dupont trouve acquéreur, et promet que Dupond acceptera de céder le bien. Or, Dupond refuse: la vente ne peut se faire.
   a. Dupond doit indemniser l'acheteur du préjudice qu'il a subi parce que la vente ne peut avoir lieu.
   b. Dupond doit indemniser l'acheteur du préjudice qu'il a subi parce que la vente ne peut avoir lieu, seulement si son refus est fautif.

c. Dupont doit indemniser l'acheteur du préjudice qu'il a subi parce que la vente ne peut avoir lieu.
d. Dupont doit indemniser l'acheteur du préjudice qu'il a subi parce que la vente ne peut avoir lieu, seulement s'il s'est fautivement abstenu de tout mettre en œuvre pour convaincre Dupond.

CORRIGÉ

1) b. ; 2) a. et b. ; 3) c.

Fiche n° 31

Le contrat et le juge : l'intangibilité des conventions

Définition

Révision pour imprévision : l'imprévision est un changement des circonstances entourant l'exécution du contrat ; la révision pour imprévision est la modification du contrat pour tenir compte de ce changement.

Le contrat étant la chose des parties, le juge est – en principe – exclu tant de l'exécution du contrat que de sa conclusion. Toutefois, il a nécessairement à en connaître, ne serait-ce que pour assurer le respect de sa force obligatoire, dès lors qu'un contentieux naît entre les parties.

Dans notre système juridique, **le juge est lié**, tout comme les parties, par les stipulations contractuelles, qu'il ne peut modifier, ou supprimer à son bon vouloir. Ce n'est que dans une certaine mesure qu'il trouve dans la loi, ou qu'il s'est octroyé lui-même, un certain pouvoir d'intervention dans le contrat. L'on a déjà remarqué les immixtions du juge lorsqu'il peut substituer un indice valable à celui, choisi par les parties, qui était prohibé ; ou encore, lorsqu'il ajoute au contrat sur le fondement de l'article 1194.

Le principe est donc bien que le juge est soumis au principe de l'intangibilité des conventions. Toutefois, la réforme de 2016 lui a octroyé un important pouvoir en matière de révision pour imprévision (I), qui s'ajoute à quelques autres cas d'immixtion possible dans le contrat (II).

I. La révision pour imprévision

Le terme d'imprévision vise la situation dans laquelle les contractants n'ont pas anticipé un **changement de circonstances** de nature à remettre en question

l'équilibre du contrat. Concrètement, la question se pose pour les contrats dont l'exécution s'étend sur une longue durée, lorsque l'obligation de l'une des parties au moins est soumise à des fluctuations, en termes de prix ou de disponibilité (salaires, matières premières...). Faut-il dans ce cas autoriser le juge à modifier le contrat, ou doit-il contraindre les parties à l'exécuter ?

À l'encontre d'un certain nombre de droits étrangers, et même du droit administratif (*Conseil d'État du 30 mars 1916, Compagnie générale d'éclairage de Bordeaux*), pendant longtemps, le droit civil français s'est prononcé contre la révision pour imprévision. Le juge devait donc faire respecter les termes de l'accord initial, et n'aurait pu les modifier.

Illustration : Arrêt Canal de Craponne, Cour de cassation, 6 mars 1876

La redevance perçue par une personne pour l'entretien du Canal, non indexée, est devenue dérisoire au fil du temps ; cette personne sollicite en justice une revalorisation. La Cour de cassation s'oppose à une telle revalorisation, affirmant « dans aucun cas, il n'appartient aux tribunaux, quelque équitable que puisse leur paraître leur décision, de prendre en considération le temps et les circonstances pour modifier les conventions des parties et substituer des clauses nouvelles à celles qui ont été librement acceptées par les contractants ».

Illustration : Cass. Civ. 3, 18 mars 2009, n° 07-21260

Un bailleur âgé consent à un locataire un loyer assez bas, en raison de l'engagement pris par ce dernier de le « surveiller ». Après le décès de ce bailleur, les héritiers demandent la conversion de l'obligation de surveillance en complément de loyer, ce qui est accepté par la Cour d'appel. L'arrêt est cassé par la Cour de cassation, puisque « le bail ne comportait aucune clause prévoyant la modification des modalités d'exécution du contrat », la Cour d'appel a violé l'article 1134 du Code civil en décidant ainsi.

Le refus total de la révision pour imprévision, que l'on justifiait notamment par **l'autonomie de la volonté**, et son corollaire, la **force obligatoire des conventions**, a suscité de vives critiques de la doctrine. Les parties ont bien entendu toujours la possibilité d'éviter les conséquences néfastes de l'imprévision : elles peuvent prévoir une **clause d'indexation** ; mais aussi **une clause de renégociation**. Une telle clause, parce qu'elle s'insère dans le contrat, est contraignante : les parties doivent donc renégocier lorsque survient une condition ou un terme prévus par la clause ; et elles doivent le faire de bonne foi. Si une partie négociait de **mauvaise foi**, elle engagerait sa **responsabilité** pour manquement à ses obligations contractuelles. À cette clause ressemble celle dite « ***rebus sic stantibus*** », qui signifie que le contrat n'est obligatoire que tant que les choses restent en l'état : en cas de changement des circonstances, sa force obligatoire disparaît. Ces clauses, pour avoir une efficacité, devaient avoir été **expressément stipulées** par les parties.

La réforme de 2016 a opéré une évolution majeure en ajoutant à ces différentes possibilités le régime applicable au **changement de circonstances**, prévu à l'article 1195. Le mécanisme peut être déclenché par une partie si un changement de circonstances **imprévisible lors de la conclusion du contrat** lui rend l'exécution **excessivement onéreuse.** Cette onérosité désigne tant un renchérissement du coût de l'exécution (hausse du prix des matières premières) qu'une dépréciation de la contrepartie (érosion de la valeur de la monnaie). Le débiteur jugeant l'exécution de sa prestation excessivement onéreuse demande alors à l'autre partie une **renégociation** du contrat. Cette renégociation n'est pas une obligation : libre à l'autre partie de la refuser.

Attention

L'exécution excessivement onéreuse n'est pas l'exécution impossible, qui pourrait entraîner la caducité du contrat.

Si la renégociation aboutit, l'accord adapté aux circonstances nouvelles doit être exécuté. En cas **d'échec** ou de la renégociation (ou de **refus**), les parties peuvent se mettre d'accord soit sur la **résolution** du contrat, soit sur le fait de demander au juge de procéder à **l'adaptation** du contrat – elles acceptent donc de se soumettre à l'arbitrage du juge.

Si elles ne parviennent pas même à un tel accord, dans un « **délai raisonnable** », une partie peut demander au juge de **réviser** le contrat ou d'y mettre **fin**, à la date et aux conditions qu'il juge.

Ce mécanisme est particulièrement important du point de vue de la théorie des contrats, en ce qu'il offre la possibilité au juge de mettre fin à un contrat ou de le transformer, passant outre la volonté d'une partie.

II. Autres cas d'immixtion du juge dans le contrat

Sans même parler du rôle du juge en cas d'inexécution du contrat (fiches n° 33 et suivantes), la loi comme la jurisprudence permettent, dans certains cas, au juge de s'immiscer dans le contrat. Il se peut par ailleurs que les parties conviennent d'offrir ce pouvoir au juge ; à proprement parler, l'intervention du juge n'est pas alors une atteinte au principe de **l'intangibilité des conventions**, mais une façon de donner effet au contrat. De véritables tempéraments existent toutefois.

A. Immixtion prévue par la loi

Le codificateur était résolument hostile à l'immixtion du juge dans le contrat. Les **tempéraments légaux** au principe de l'intangibilité des conventions, seraient-ils insérés dans le Code civil, sont l'œuvre d'un législateur plus moderne, de la seconde moitié du XXe siècle. Il semble inutile de revenir à ce stade sur le contrôle de l'abus dans la fixation du prix, ou sur celui des clauses abusives. Le plus emblématique de ce pouvoir est certainement celui reconnu au juge de moduler la **clause pénale.** D'autres pouvoirs de modification lui sont toutefois reconnus.

La **clause pénale** est celle par laquelle les parties fixent une certaine somme qui sera due par celle d'entre elles qui n'exécute pas son obligation. Cette somme couvre à la fois une **estimation forfaitaire des dommages et intérêts**, et une véritable **peine privée**, dont on recherche **l'effet comminatoire**. L'article 1235-1, qui prévoit la clause pénale, pose le principe selon lequel « Lorsque le contrat stipule que celui qui manquera de l'exécuter paiera une certaine somme à titre de dommages et intérêts, il ne peut être alloué à l'autre partie une somme plus forte ni moindre ». Mais il intègre aussi dans son second alinéa des évolutions législatives de la fin du XXe sur la question : « Néanmoins, le juge peut, même d'office, **modérer** ou **augmenter** la pénalité ainsi convenue si elle est manifestement excessive ou dérisoire ». Le juge retrouve donc un pouvoir d'appréciation marqué, lui permettant de ne pas obtempérer aux prévisions des parties.

Le troisième alinéa du même article ouvre la possibilité pour le juge de **moduler** cette même clause pénale, non en raison de cette disproportion, mais en considération d'une exécution partielle de l'obligation par le débiteur.

Dans une optique de **prévention du surendettement**, le juge tire de la loi des pouvoirs importants pour modifier les conditions de payement d'une obligation de somme d'argent (art. 1343-5). Ainsi, le juge peut ordonner le **rééchelonnement** des dettes, de **réduire** le taux des intérêts, de permettre **l'imputation** des payements en priorité sur le capital. Ces pouvoirs sont encore amplifiés par le droit du **surendettement** (article L711-1 et suivants du code de la consommation).

De manière plus anecdotique, en matière de **rentes viagères**, une majoration de la rente est prévue. Si le coefficient retenu ne correspond pas à la situation particulière du bien en question, le juge peut, sur la demande du débirentier, modifier ce coefficient (art. 2 Loi n° 49-420 du 25 mars 1949).

Enfin, l'article 900-2 prévoit une possibilité de **révision des charges** qui sont associées aux dons ou aux legs.

Illustration : Art. 900-2

« Tout gratifié peut demander que soient révisées en justice les conditions et charges grevant les donations ou legs qu'il a reçus, lorsque, par suite d'un changement de circonstances, l'exécution en est devenue pour lui soit extrêmement difficile, soit sérieusement dommageable. »

B. Immixtion permise par la jurisprudence

La jurisprudence s'est octroyé la possibilité, certainement *contra legem*, d'intervenir dans certaines conventions. Cette possibilité est toutefois très limitée. Ainsi, la Cour de Cassation, depuis un arrêt de 1867, permet au juge du fond de réduire les **honoraires des mandataires**, lorsque ceux-ci paraissent excessifs. La raison de cette audace est certainement que le Code civil conçoit par principe le mandat comme un **contrat à titre gratuit** ; dès lors, la rémunération du mandataire n'apparaît que comme une exception. Cette solution a depuis été élargie à la rémunération des agents d'affaires et à certains contrats de service : architectes, médecins…

Illustration : Cass. Civ. 1, 21 février 2006, n° 02-14326

Des généalogistes ont fait signer à une personne un contrat de révélation de succession et un mandat de représentation en vue du règlement de celle-ci. La Cour de cassation approuve les juges du fond d'avoir décidé qu'au vu des soins, démarches et peines développées, la rémunération était disproportionnée au service rendu, et devait être réduite de moitié.

À retenir

- Le contenu du contrat s'impose au juge, mais les exceptions sont nombreuses.
- En cas de changement imprévisible de circonstances, les parties sont invitées à renégocier leur contrat ; en l'absence d'accord, le juge aura le dernier mot pour adapter le contrat ou le résilier.
- La loi comme la jurisprudence permettent au juge de modifier le contrat, mais à titre très exceptionnel, et dans une mesure limitée.

Pour aller plus loin

- M. Mekki, « Hardship et révision des contrats », *JCP G* 2010, p. 2291 et p. 2350
- N. Molfessis, « Le rôle du juge en cas d'imprévision dans la réforme du droit des contrats », *JCP G* n° 52, 21 Décembre 2015, 1415
- Y. Picod, « Le charme discret de l'imprévision à la française », *AJCA* 2015, p. 441.
- A. Pinto-Monteiro, « La clause pénale en Europe », in *Études offertes à J. Ghestin*, LGDJ 2001, p. 719 et s
- T. Titone, F. Coulon, M. Dary, « Circonstances économiques et déséquilibre contractuel », *JCP E* 9 juin 2011, p. 25

POUR S'ENTRAÎNER : QUESTION DE COURS

L'article 1195 du Code civil est-il une innovation marquante de la réforme de 2016 ?

CORRIGÉ

L'article 1195 introduit dans le Code civil la révision pour imprévision ; pour le dire autrement, il traite de la conduite à tenir en cas de changement de circonstances imprévisible lors de la conclusion du contrat.

Avant la réforme, les juridictions de l'ordre judiciaire (au contraire de celles de l'ordre administratif : CE 30 mars 1916, « Gaz de Bordeaux », n° 59928) considéraient que la force obligatoire des contrats conduisait au principe de l'intangibilité des conventions – même lorsque le changement de circonstances rendait l'exécution du contrat excessivement onéreuse (*Canal de Craponne*, Civ. 6 mars 1876). Cette position de la Cour de cassation apparaissait assez isolée en Europe. Elle obligeait les contractants avertis à insérer dans leurs contrats des clauses de renégociation, clauses de *hardship* ou clauses *rebus sic stantibus*. Des juges conciliants tentaient, par le truchement de notions telles que la cause ou la bonne foi, d'atténuer la rigueur des principes.

C'est donc une sorte de révolution qu'opère cet article 1195, qui revient à atténuer le principe de la force obligatoire des contrats, témoigne d'une confiance dans les parties pour adapter leur convention au changement de circonstances, et, à défaut, donne pouvoir au juge pour s'insérer dans le bastion contractuel.

Fiche n° 32

Le contrat et le juge : l'interprétation

I. La condition de l'interprétation
II. Le but de l'interprétation

Définitions

Acte clair : acte juridique dont le sens est aisément déterminable, qui n'est ni incomplet, ni ambigu, ni obscur.
Dénaturation : méconnaissance du sens clair et précis d'un écrit.

Le juge ne peut **modifier** les termes du contrat ; néanmoins, un **pouvoir d'interprétation** lui est nécessairement reconnu, lorsque le contrat manque de clarté. *Mutatis mutandis*, il s'agit peu ou prou du même dilemme que celui qui concerne le respect et l'interprétation de la loi : le juge ne saurait se faire législateur, mais il ne peut non plus refuser de trancher un litige au prétexte des insuffisances ou obscurités de la loi. Comme pour l'interprétation de la loi, **l'interprétation du contrat est créatrice**.

À titre liminaire, il convient de distinguer **l'interprétation** de la **qualification** ou de la **requalification**. Le juge qualifie un contrat lorsqu'il **nomme** un contrat qui ne l'a pas été par les parties ; il le requalifie lorsqu'il **restitue** à un contrat son **exacte dénomination**, alors qu'il avait été improprement nommé par les parties. Ce pouvoir a de l'importance, car changer le nom d'un contrat entraîne son changement de catégorie au sein des contrats spéciaux et modifie donc les suites naturelles de la convention. Néanmoins, il ne s'agit pas d'une interprétation : le juge ne s'immisce pas dans le contenu de la convention.

Illustration : article 12 du Code de procédure civile

Le juge « doit donner ou restituer leur exacte qualification aux faits et actes litigieux sans s'arrêter à la dénomination que les parties en auraient proposée. »

La liberté du juge – interprète de la convention – se trouve bridée par deux règles, qui découlent du principe de la **force obligatoire** de la convention. D'une part, toute velléité d'interprétation doit être précédée par la démonstration de **l'absence de clarté** de l'acte à interpréter (I) ; d'autre part, le but de l'interprétation est nécessairement de faire ressortir la **commune intention des parties** (II).

I. La condition de l'interprétation

Le juge ne peut pas faire œuvre d'interprétation sur une convention qui serait claire et précise ; il s'agit de la **prohibition de la dénaturation de l'acte clair** (art. 1192). *A contrario* donc, il n'y a que les conventions obscures, ambiguës, lacunaires, qui peuvent être interprétées.

Illustration : Cass. 15 avril 1872

« Il n'est pas permis aux juges, lorsque les termes d'une convention sont clairs et précis, de dénaturer les obligations qui en résultent et de modifier les stipulations qu'elle renferme ».

Dans les termes de cet arrêt l'on trouve le concept de **dénaturation** ; la dénaturation se définit comme « la méconnaissance du sens clair et précis d'un écrit » (Civ 6 juin 1921) ; une clause est **claire et précise** « si elle n'est susceptible que d'un seul sens » (Civ 12 janvier 1938). La Cour de cassation exerce un **contrôle de la dénaturation**, et casse donc les arrêts des juges du fond qui auraient dénaturé une convention.

Attention

L'étudiant comme le juge du fond, avant de seulement évoquer l'interprétation, doivent démontrer que la convention n'est pas claire et précise.

En d'autres termes, le plaideur qui souhaiterait invoquer sa mauvaise compréhension de l'étendue de ses engagements, alors que les termes des contrats sont clairs et précis, doit se fonder sur les **vices du consentement** par exemple, mais en aucun cas sur l'interprétation.

Ceci dit, il s'avère que seuls les **contrats écrits** sont susceptibles de dénaturation. Les accords purement verbaux sont, selon les termes de la jurisprudence, ambigus par nature.

Ce qui ici vaut pour les contrats, vaut également pour les **actes unilatéraux** (et notamment pour le testament).

II. Le but de l'interprétation

La manière d'interpréter les conventions a été très tôt fixée, par le **jusnaturalisme moderne** : le juge doit rechercher la **commune intention des parties**, en s'appuyant au besoin sur des **directives facultatives** du Code civil. La réforme de 2016 a, pour l'essentiel, gardé intactes les règles d'interprétation.

A. La primauté de la commune intention des parties

La nécessité d'accorder la primauté à la commune intention des parties se révèle dans l'article 1188 du Code civil : « *Le contrat s'interprète d'après la commune intention des parties plutôt qu'en s'arrêtant au sens littéral de ses termes* ». **L'esprit** est donc plus important que la **lettre**.

Néanmoins, il est de jurisprudence constante que les juges du fond usent de leur **pouvoir souverain** pour interpréter les conventions, et que les articles 1188 et suivants du Code civil, qui proposent des règles d'interprétation, n'ont **pas de caractère impératif.** En d'autres termes, l'on ne saurait obtenir la cassation d'un arrêt pour la seule raison qu'il ne se conforme pas à ces différentes directives (par contre, évidemment, l'on peut arguer d'une dénaturation, ou d'un défaut de motifs).

La commune intention des parties doit être recherchée dans le **moment de la formation du contrat** : peu importe que leurs intentions aient par la suite divergé. Par contre, pour établir cette commune intention, le juge peut parfaitement s'appuyer sur leur comportement avant, pendant, et après la conclusion du contrat.

B. Les directives supplétives

Les articles 1157 à 1164 anciens, 1189 à 1192 nouveaux du Code civil donnent au juge des règles d'interprétation (un petit « guide-âne ») qui sont conçues comme se succédant par **ordre de subsidiarité.** L'on peut considérer qu'elles ont pour but, du moins pour la plupart, d'aider à déterminer la commune intention des parties. Quelques exemples peuvent être donnés :

Illustration : Article 1191

« Lorsqu'une clause est susceptible de deux sens, celui qui lui confère un effet l'emporte sur celui qui ne lui en fait produire aucun ».

Le juge est ici invité à considérer que, si les parties ont stipulé, elles avaient en vue un **résultat**. Notamment, si l'une des interprétations possibles de la clause conduit à une nullité, ou à ce que la clause soit réputée non écrite, ou tout simplement à ce que, dans les faits, aucun effet ne se produise, l'autre interprétation doit être préférée.

Illustration : Article 1190

« Dans le doute, le contrat de gré à gré s'interprète contre le créancier et en faveur du débiteur, et le contrat d'adhésion contre celui qui l'a proposé. ».

Cet article donne une orientation « politique » au juge qui estime avoir échoué à établir la commune intention des parties : l'on donne une préférence à l'une des parties, en espérant qu'il s'agisse de la solution la plus juste. Les règles d'interprétation *in favor debitorem* (en faveur du débiteur), et *contra proferentem* (contre celui qui a rédigé).

À retenir

- Seuls les actes qui manquent de clarté peuvent être interprétés ; à défaut, l'on commettrait une dénaturation de l'acte clair.
- Le juge, en interprétant, doit rechercher la commune intention des parties. Le Code civil contient des directives facultatives pour l'aider à la déterminer.

Pour aller plus loin

- [Collectif] *L'interprétation dans le droit*, APD, 1972
- F. Chénedé, « Le contrat d'adhésion dans le projet de réforme », *D.* 2015, p. 1226
- J. Dupichot, « Pour un retour aux textes : défense et illustration du "petit guide-âne" des articles 1156 à 1164 du Code civil », in *Études offertes à J. Flour*, Defrénois, 1979, p. 179
- M.-H. Maleville-Costedoat, « L'interprétation et la rédaction des contrats : dix ans de jurisprudence », *RLDC* 2007/42, p. 63
- C. Witz, « L'interprétation du contrat dans le projet de réforme du droit des contrats », *D.* 2015, p. 2020.

POUR S'ENTRAÎNER : CAS PRATIQUE

Figaro et Marceline sont en désaccord sur le sens à donner à un contrat de prêt d'argent, consenti par Marceline à Figaro. La clause litigieuse, rédigée par Figaro, (Marceline n'a fait que signer l'acte sans en discuter les termes) est celle-ci : « le bénéficiaire du prêt s'engage à restituer les sommes prêtées sans délai après la demande qui lui aura été signifiée par le prêteur ». Le litige porte sur le sens de l'expression « sans délai ». Marceline estime qu'une telle formule oblige à une restitution immédiate après la demande ; Figaro estime au contraire qu'il dispose du temps qu'il souhaite, puisqu'il est bien précisé que la restitution n'est enfermée dans aucun délai. Quelle serait, selon vous, l'interprétation correcte ?

CORRIGÉ

Le préalable à l'interprétation est de s'assurer que l'acte à interpréter n'est pas clair. C'est certainement le cas en l'espèce : l'expression « sans délai » est ambiguë, comme le montrent les deux sens divergents que les parties lui prêtent désormais. L'acte doit donc être interprété.

Le but de l'interprétation est de révéler la commune intention des parties, lors de la conclusion de l'acte. Le Code civil offre plusieurs directives à l'interprète.

Selon l'article 1189, le contrat d'adhésion (c'est de cela dont il s'agit ; Figaro a rédigé, Marceline n'a fait que signer : il n'y a pas eu de négociation de gré à gré) s'interprète contre celui qui l'a rédigé. Ici, la version de Marceline devrait être préférée. En outre, l'article 1191 prévoit que lorsqu'une clause est susceptible de deux sens, celui qui lui confère un effet l'emporte sur celui qui ne lui en fait produire aucun. Or, l'interprétation suggérée par Figaro lui permettrait de ne jamais rembourser la dette, ce qui prive la clause d'effet. C'est donc le sens proposé par Marceline qui doit être retenu.

Quatrième partie

Les remèdes à l'inexécution du contrat

Fiche n° 33

La sanction du manquement contractuel : prolégomènes

I. Le cadre contractuel du manquement
II. La mise en demeure

Définitions

Mise en demeure : (du latin *mora*, retard), fait ou acte juridique interpellant le débiteur d'une obligation non exécutée.

***Quantum* des dommages et intérêts** : chiffre des dommages et intérêts, somme d'argent versée à une victime.

Intérêts moratoires : intérêts dus en raison du retard dans l'exécution.

Il est certain que lorsqu'un contrat n'est **pas exécuté**, ou **mal exécuté**, un **dommage** peut être subi par le cocontractant, et ce dommage devra alors, toutes autres conditions réunies par ailleurs, **être réparé.** Cette réparation se fait par l'octroi d'une somme d'agent, les **dommages et intérêts.** Cette opération est parfois nommée : « **responsabilité contractuelle** », et attirée par l'orbite de la **responsabilité civile** en général.

Certains auteurs, sans doute influencés par la définition de la **faute** donnée par Planiol (la faute est le **manquement à une obligation préexistante**), estiment que le **manquement contractuel** est une faute (la Cour de cassation utilise d'ailleurs parfois l'expression de **faute contractuelle**), donc une responsabilité du fait personnel, et que l'on doit donc retrouver à côté de ce fait générateur de responsabilité contractuelle, une responsabilité contractuelle du fait des choses, du fait d'autrui...

Cette « responsabilité contractuelle » n'est pas conforme à la tradition juridique, à l'esprit du Code civil, et n'est pas compatible avec les projets d'uniformisation du droit européen ; elle a été dénoncée comme un « faux concept ». C'est une autre présentation qui est proposée ici, qui explique tout autant les solutions du droit positif que celles basées sur la « responsabilité contractuelle ». Elle suppose de considérer que **le fait à l'origine des dommages et intérêts est l'inexécution elle-même**, lorsqu'elle n'est pas excusée, et non le comportement à l'origine de ce manquement.

La réforme du droit des contrats de 2016 semble, en raison des différents remèdes qu'elle offre à l'inexécution, en ligne avec cette idée d'une **sanction spécifique au manquement contractuel**, qui ne serait pas à proprement parler une « responsabilité civile ». Las, le projet de réforme de la responsabilité civile présenté par la Chancellerie en mars 2017 construit, à côté d'une **responsabilité civile extracontractuelle**, une responsabilité civile contractuelle, réintroduisant nombre d'incohérences en la matière. Cet avant-projet n'est toutefois pas du droit positif.

Au risque d'une tautologie, l'on peut affirmer qu'il n'y a d'inexécution contractuelle que dans un **cadre contractuel** (I). En outre, il convient de préciser que par principe, le débiteur n'est considéré comme défaillant qu'autant qu'il a été **mis en demeure** (II).

I. Le cadre contractuel du manquement

A. Établissement du cadre contractuel

Le principe semble simple : la « responsabilité contractuelle » ne se conçoit qu'**entre parties à un contrat** ; dans toutes les autres hypothèses, la responsabilité est **extracontractuelle**.

En réalité, plusieurs précisions doivent être apportées. Cela, d'autant plus qu'en vertu d'un principe dit de **non-cumul**, mieux vaudrait dire de **non-option**, la victime d'un dommage qui doit être réparé par la voie contractuelle, ne peut choisir les règles de la responsabilité extracontractuelle, alors même qu'elles lui seraient plus favorables.

Attention

Le projet de réforme du droit de la responsabilité civile présenté par la chancellerie prévoit que le dommage corporel doit toujours être réparé à l'aide des règles de la responsabilité civile extracontractuelle. Il ne s'agit pour l'instant que de droit prospectif.

Plusieurs conditions existent, pour que le cadre contractuel soit établi :

- le contrat doit être **valable** : il n'y a pas de sanction contractuelle qui naît de l'inexécution d'un contrat nul ;
- le contrat doit être **définitivement formé** : la responsabilité précontractuelle (celle encourue pour une faute commise dans le processus de formation du contrat) est de nature extracontractuelle.

Le dommage subi par la victime doit trouver sa source dans **l'inexécution du contrat.**

Illustration : Cass. Civ. 1, 1er décembre 2011, n° 10-19090

Une personne est titulaire d'un abonnement de train ; en gare, elle monte dans la mauvaise rame, se rend compte de son erreur, et se blesse en descendant du train. La Cour d'appel estime qu'il y a lieu de voir là un cadre contractuel. La Cour de cassation casse l'arrêt car « l'accident n'était pas survenu dans l'exécution du contrat convenu entre les parties ».

Attention

Le dommage causé à un cocontractant après la fin du lien contractuel devrait, en toute logique, être considéré comme étant extracontractuel. Pourtant, certaines obligations (comme celles issues de la clause de non-concurrence, les clauses de secret), survivent à la fin du contrat (cf. fiche n° 38) : leur inexécution entraîne bien l'application du régime contractuel, alors même que le contrat a pris fin.

Deux facteurs de complexité existent : sont rattachées au contrat des **obligations complétives** – **obligation de sécurité** notamment (cf. fiche n° 27) – qui semblent avant tout être la simple transcription de **règles générales de conduite** ; entre contractants, elles définissent pourtant un cadre contractuel. Enfin, reste la question des **ensembles contractuels** ou **groupes de contrats** : la responsabilité tend alors à être déclarée contractuelle entre personnes qui ne sont pas parties à un même contrat, mais qui appartiennent à un même ensemble.

B. Enjeux du cadre contractuel

L'obligation de verser des dommages et intérêts n'est pas soumise aux mêmes règles selon qu'elle trouve sa cause dans un **manquement contractuel** ou dans un fait générateur de **responsabilité extracontractuelle**. Être sur l'un ou l'autre des terrains amène des différences en pratique :

- pour contracter, il faut être **sain d'esprit** : l'on ne peut donc pas reprocher à un incapable d'avoir mal exécuté son obligation contractuelle, puisque son engagement était nul. Par contre, l'insanité d'esprit laisse subsister la responsabilité extracontractuelle (art. 414-3) ;
- **l'aménagement** de la responsabilité par le biais de **clauses contractuelles** se comprend aisément en matière contractuelle : il semble pour autant extrêmement difficile à concevoir hors du contrat (alors même que l'avant-projet de réforme du droit de la responsabilité civile souhaite le consacrer) ;
- la distinction du contractuel et du délictuel est fondamentale pour évaluer le ***quantum* des dommages et intérêts** : la **réparation intégrale** ne s'applique pas en principe en matière contractuelle, les dommages et intérêts étant

limités à ce que les parties ont prévu ou auraient dû prévoir (art. 1231-3), sauf faute lourde ou dolosive;
- en principe, une **mise en demeure** préalable est nécessaire pour obtenir des dommages et intérêts contractuels (art. 1231); évidemment, cela ne peut être le cas en matière extracontractuelle.

Dans un contexte transnational, les parties peuvent **choisir la loi applicable** à un contrat, et donc aux dommages et intérêts en cas d'inexécution; au contraire, en matière extracontractuelle, la *lex loci delicti* (la loi du lieu du délit civil) s'impose aux parties.

Attention

Jusqu'à la réforme de la prescription de juin 2008, la responsabilité contractuelle était soumise à la prescription trentenaire de droit commun, alors que la responsabilité extracontractuelle était soumise à une prescription décennale. Depuis la réforme, les deux sont enfermées (sauf dans quelques hypothèses particulières) dans un délai de 5 ans.

L'intérêt de la distinction tend à décroître, de nombreux **régimes spéciaux** (accidents de la circulation, produits défectueux) transcendent désormais cette distinction, et soumettent aux mêmes règles les dommages causés dans l'exécution d'un contrat et les autres.

II. La mise en demeure

La **mise en demeure** est définie par l'article 1344 du Code civil: « le débiteur est mis en demeure de payer soit par une sommation ou un acte portant interpellation suffisante, soit, si le contrat le prévoit, par la seule exigibilité de l'obligation. ».

Aux yeux de la jurisprudence, qui laisse la détermination de la mise en demeure à l'appréciation des juges du fond, c'est la **vigueur de l'interpellation**, beaucoup plus que la forme, qui permet la qualification de mise en demeure. Notamment, le fait de trouver dans le texte que le créancier adresse au débiteur l'expression « mise en demeure » est un indice sérieux.

Constituer un débiteur en demeure a un certain nombre d'effets:
- La mise en demeure est en principe nécessaire pour que le créancier prétende à des **dommages et intérêts** contractuels (art. 1231: « À moins que l'inexécution soit définitive, les dommages et intérêts ne sont dus que si le débiteur a préalablement été mis en demeure de s'exécuter dans un délai raisonnable »).
- La mise en demeure fait courir les **intérêts moratoires** (art. 1344-1).

- La mise en demeure est nécessaire à la mise en œuvre de la **clause pénale** (art. 1231-6).
- En outre, dans les contrats incluant la remise d'une chose, la mise en demeure a un effet sur l'attribution des **risques** liés à cette chose (1344-2).

La jurisprudence, contre le texte de l'ancien article 1146, permettait l'octroi de dommages et intérêts venant compenser le préjudice causé par le manquement contractuel, sans qu'une mise en demeure soit intervenue. Encore fallait-il que **l'inexécution** soit **acquise et préjudiciable**. Désormais, l'article 1231 a codifié cette solution, dispensant de mise en demeure en cas d'inexécution « définitive ».

Illustration : Cass. Ch. Mixte, 6 juillet 2007, n° 06-13823

Un producteur de vin tarde à mettre des bouteilles à disposition d'un négociant. Ce dernier obtient devant les juges du fond des dommages et intérêts compensant son préjudice. Un pourvoi est formé, arguant que le débiteur n'a pas été mis en demeure. Il est rejeté, la Cour de cassation estimant que la réparation pouvait être ordonnée dès lors que « l'inexécution du contrat était acquise et avait causé un préjudice ».

À retenir

- La règle de non-option interdit à la victime d'un manquement contractuel de se prévaloir des règles de la responsabilité extracontractuelle.
- L'octroi de dommages et intérêts n'obéit pas aux mêmes règles selon que le préjudice a été causé par une inexécution contractuelle, ou non.
- En principe, le créancier doit mettre en demeure son débiteur défaillant avant de pouvoir demander des dommages et intérêts.

Pour aller plus loin

- M. Faure-Abbad, « La présentation de l'inexécution contractuelle dans l'avant-projet Catala », *D.* 2007, p. 165
- M. Faure-Abbad, *Le fait générateur de la responsabilité contractuelle*, th. LGDJ, 2003
- Ph. Rémy, « La "responsabilité contractuelle" : histoire d'un faux concept », *RTD Civ.* 1997, p. 323
- É. Savaux, « La fin de la responsabilité contractuelle ? », *RTD Civ.* 1999, p. 1
- Ph. le Tourneau, « Brefs propos critiques sur la "responsabilité contractuelle" dans l'avant-projet de réforme du droit de la responsabilité », *D.* 2007, p. 2180

POUR S'ENTRAÎNER : QCM

1) Les dommages et intérêts dus par l'auteur de manœuvres dolosives ont une origine :
   a. Contractuelle
   b. Extracontractuelle
2) La violation d'une obligation complétive par un contractant, sur laquelle les parties n'ont pas stipulé, oblige à verser des dommages et intérêts dans un cadre :
   a. Contractuel
   b. Extracontractuel
3) Les dommages et intérêts ne peuvent être ordonnés que lorsque le débiteur est en demeure :
   a. Vrai
   b. Faux

CORRIGÉ

1) b. ; 2) a. ; 3) b (l'article 1231 réserve le cas de l'inexécution définitive, qui dispense de la mise en demeure).

Fiche n° 34
La sanction du manquement contractuel

Définitions

Manquement contractuel ou inexécution contractuelle : discordance entre ce qui a été promis par un contractant et la réalité de ce qui est obtenu par l'autre.

Remède : ensemble des réponses que le droit permet à l'inexécution d'une obligation contractuelle, et qui ont diverses fins : le maintien du contrat ou son anéantissement, la préservation des intérêts du créancier ou son indemnisation…

La **sanction des manquements contractuels** est un corollaire important de la **force obligatoire** des conventions. Le seul fait générateur des dommages et intérêts contractuels, mais de tous les autres remèdes également, est donc dans le manquement contractuel, c'est-à-dire dans **l'inexécution d'une obligation contractuelle**, et non, particulièrement, dans le comportement du débiteur (ou de celui de personnes ou de choses qui seraient sous son autorité).

L'inexécution du contrat (I) rend à elle seule envisageable l'utilisation des **remèdes** (II).

I. Le manquement contractuel

Le **manquement contractuel** est le fait qu'un débiteur manque à la parole donnée, se soustraie à ses obligations. Dès lors que ce qui ne devait pas être fait est fait, ou, au contraire, que ce qui devait être fait ne l'est pas, ou encore, que ce qui devait être donné ne l'est pas, alors le manquement contractuel est acquis. De même, lorsque l'obligation est exécutée, mais pas dans le **délai** contractuellement prévu, une inexécution est caractérisée. Enfin, si la prestation n'atteint pas le **standard de qualité** souhaité, ou est, d'une manière ou d'une autre, à la source d'un préjudice pour le créancier, l'on peut invoquer un manquement contractuel.

Illustration

***Article III-1:101, Draft Common Frame of Reference* (cet article d'un projet d'uniformisation européenne de la matière donne une définition de l'exécution et de l'inexécution) :**

(2) *Performance of an obligation is the doing by the debtor of what is to be done under the obligation or the not doing by the debtor of what is not to be done.*

(3) *Non-performance of an obligation is any failure to perform the obligation, whether or not excused, and includes delayed performance and any other performance which is not in accordance with the terms regulating the obligation.*

En revanche, le Code civil français ne définit pas réellement ce qu'est le manquement contractuel.

II. Les remèdes à l'inexécution du contrat

La présentation de l'inexécution contractuelle comme une « responsabilité contractuelle » tend à accréditer l'idée que la conséquence normale de l'inexécution est l'octroi de dommages et intérêts ; l'exécution forcée étant quelquefois possible, en guise de réparation en nature. Cette présentation est sans aucun doute très partielle.

Les textes issus de la réforme de 2016 donnent une lecture plus logique : l'article 1217 du Code civil donne une liste de remèdes.

A. L'exception d'inexécution

L'exception d'inexécution, ou *exceptio non adimpleti contractus*, prévue aux articles 1219 et suivants, est un remède offert au créancier d'une obligation non exécutée, consistant à l'autoriser à **suspendre l'exécution de sa propre obligation**. Il s'agit, avant tout, d'un **moyen de pression** sur le débiteur. Elle ne suppose pas d'avoir recours au juge pour être mise en œuvre, mais elle peut être invoquée en justice. Ainsi, l'exception d'inexécution peut être invoquée aussi bien dans un cadre judiciaire qu'extrajudiciaire. Elle n'a évidemment de sens que pour les **contrats synallagmatiques**.

L'exception d'inexécution est encore envisagée par le Code civil à l'égard de quelques contrats spéciaux, notamment la vente (art. 1612 : le vendeur n'est pas tenu de délivrer la chose, si l'acheteur n'en paye pas le prix, et que le vendeur ne lui a pas accordé un délai pour le paiement.).

L'obligation dont on fait état de l'inexécution doit être **exigible** : si elle est affectée d'un terme ou d'une condition, si un délai de grâce a été accordé, ou si elle doit être exécutée en dernier lieu, alors l'exception ne pourra jouer. Toutefois, l'article 1220 prévoit une sorte d'exception d'inexécution préventive : « Une partie peut suspendre l'exécution de son obligation dès lors qu'il est manifeste que son cocontractant ne s'exécutera pas à l'échéance et que les conséquences de cette inexécution sont suffisamment graves pour elle».

Les parties doivent, ici aussi, **agir de bonne foi**. Cela a pour conséquence, notamment, de les obliger à respecter une certaine **proportionnalité** entre les obligations inexécutées : un locataire ne saurait exciper du manquement du propriétaire à effectuer une réparation mineure pour refuser de payer le loyer. Il en va bien entendu autrement si l'absence de réparation rend l'appartement inhabitable.

Attention

L'exception d'inexécution ne met pas fin au contrat : les contractants demeurent tenus de tous leurs devoirs (confidentialité, bonne foi, autres obligations...).

B. L'exécution forcée

L'exécution forcée est le remède par lequel le juge contraint un débiteur récalcitrant à exécuter son obligation. Elle est prévue par les articles 1221 et suivants du Code civil : «Le créancier d'une obligation peut, après mise en demeure, en poursuivre l'exécution en nature [...]». Souvent, lorsque l'obligation est de donner, aucune difficulté particulière n'est soulevée, il suffit au juge d'ordonner la **saisie** du bien ou de la somme d'argent en question.

Toutefois, et particulièrement à propos des obligations de faire ou ne de pas faire, l'exécution forcée peut sembler peu souhaitable. L'article 1221 prévoit des exceptions à ce droit à l'exécution forcée : l'exécution impossible, ou la «disproportion manifeste entre son coût pour le débiteur et son intérêt pour le créancier».

Ce contrôle de la disproportion est destiné à remédier au caractère trop radical de l'exécution forcée, parfois ordonnée sous l'empire des règles anciennes.

Illustration : Cass. Civ. 1, 11 mars 2005, n° 03-21136

Une maison avait été construite avec une différence de niveau de 33 cm par rapport aux stipulations contractuelles. La Cour d'appel a refusé d'ordonner la démolition puis la reconstruction de cette maison, car l'immeuble n'était pas impropre à sa destination. L'arrêt est cassé par la Cour de cassation : la partie envers laquelle l'engagement n'a point été exécuté peut forcer l'autre à l'exécution de la convention lorsqu'elle est possible.

L'impossibilité est une notion dont les contours semblent plus délicats à déterminer. Ce n'est pas tellement une impossibilité constituée par la disparition de l'objet de la prestation – l'on s'orienterait ici vers une caducité, qu'une impossibilité sur l'exécution elle-même, par exemple parce qu'elle contreviendrait à une liberté fondamentale du débiteur, parce qu'est en jeu une obligation **de faire à caractère personnel**. Il va de soi, en effet, que l'on ne saurait forcer un peintre à peindre, un professeur à enseigner.

D'ailleurs, l'article 1222 dispose qu'« après mise en demeure, le créancier peut aussi, dans un délai et à un coût raisonnables, faire exécuter lui-même l'obligation ou, sur autorisation préalable du juge, détruire ce qui a été fait en violation de celle-ci. Il peut demander au débiteur le remboursement des sommes engagées à cette fin ». L'astuce est ici de transformer une obligation de faire en une obligation de donner.

C. La réduction du prix

L'article 1233 dispose que « le créancier peut, après mise en demeure, accepter une exécution imparfaite du contrat et solliciter une réduction proportionnelle du prix ». Le principe d'une telle règle est de faire confiance aux parties pour prévenir elles-mêmes tout contentieux, en trouvant un accord pour résoudre le sort d'une exécution imparfaite.

D. La résolution

La **résolution** est **l'anéantissement rétroactif** du contrat inexécuté au moins par l'une des parties. Elle conduit donc à la **restitution** de ce qui aurait déjà été payé. Le contrat disparaît rétroactivement, mais l'on considère néanmoins le fait qu'il a été valablement formé pour donner force à des clauses concernant l'inexécution, comme **une clause pénale**.

Attention

La résolution produit donc des effets similaires à ceux de la nullité, mais ne doit pas être confondue avec celle-ci : la résolution sanctionne une inexécution, la nullité un défaut lors de la formation du contrat.

Trois voies peuvent mener à une résolution, aux termes de l'article 1224 du Code civil : l'application d'une clause résolutoire, la résolution en vertu d'une décision de justice, ou la résolution unilatérale par notification du créancier au débiteur.

Sauf lorsqu'elle procède d'une clause résolutoire (les parties sont libres d'ériger n'importe quelle prestation en élément dont la violation justifie une résolution), la résolution n'est prononcée que lorsque l'inexécution est **particulièrement grave**, suffisamment pour justifier l'anéantissement du contrat. À défaut, seuls des dommages et intérêts sont accordés au débiteur. Le juge, avant de prononcer la résolution, peut accorder un délai de grâce (Art. 1228).

La gravité de l'inexécution est à l'appréciation souveraine des juges du fond. Intellectuellement, une démarche suivie est de se demander si le contrat, malgré l'inexécution, conserve un intérêt pour les deux parties. En d'autres termes, l'on ne regarde pas le comportement du débiteur défaillant, mais **l'incidence objective** sur le contrat de l'inexécution. Ainsi, une inexécution non fautive, même excusée par la force majeure, peut justifier une résolution.

La résolution peut toujours être judiciaire.

Elle ne l'est pas nécessairement en présence d'une clause résolutoire. L'intérêt d'une clause de résolution est double : elle permet d'une part de **gagner en célérité**, en faisant l'économie d'une procédure judiciaire ; en outre, elle dispense de l'appréciation de la **gravité de l'inexécution** (ex : une clause peut prévoir qu'en cas de retard de livraison, le contrat sera résolu, quelle que soit l'importance du retard).

Elle ne l'est pas encore en cas de **résolution unilatérale.** La pratique, notamment internationale, tend à permettre à la victime d'une inexécution particulièrement grave de signifier à l'autre la résolution du contrat, en se passant de l'intervention du juge, et alors même qu'aucune clause résolutoire n'aurait été stipulée. L'article 1226 dispose désormais que « le créancier peut, à ses risques et périls, résoudre le contrat par voie de notification. Sauf urgence, il doit préalablement mettre en demeure le débiteur défaillant de satisfaire à son engagement dans un délai raisonnable ». Le débiteur a la faculté de porter l'affaire en justice, pour **contester** la résolution. C'est alors au créancier de prouver la **gravité** de l'inexécution ; s'il succombe, il devra des **dommages et intérêts.**

E. Les dommages et intérêts

Lorsque les autres remèdes ne sont pas mis en œuvre ou ne **suffisent pas** à compenser tout le dommage subi par le créancier, l'octroi de **dommages et intérêts** est nécessaire. L'on peine à distinguer la nature exacte de ces dommages et intérêts : par un certain aspect, ils représentent **l'équivalent de l'exécution** qui n'a pas été fournie ; par un autre, ils sont **compensatoires**, c'est-à-dire qu'ils viennent compenser le dommage subi en raison de l'inexécution.

Selon l'article 1231-1 du Code civil, « *Le débiteur est condamné, s'il y a lieu, au paiement de dommages et intérêts soit à raison de l'inexécution de l'obligation, soit à raison du retard dans l'exécution, s'il ne justifie pas que l'exécution a été empêchée par la force majeure* ».

Cet article invite donc à distinguer deux types de dommages et intérêts particuliers ; certains correspondent à **l'inexécution** ; d'autres, dits moratoires, correspondent au **retard dans l'exécution.**

Pour allouer des dommages et intérêts compensatoires, le juge, après avoir constaté le cadre contractuel, doit souligner **l'existence d'une inexécution**, et le fait qu'elle a causé un **préjudice.**

Attention

Toutefois, au moins à l'égard de certains contrats spéciaux (dont le bail), la Cour de cassation n'exige pas la preuve d'un préjudice : le déséquilibre que fait entrer dans le contrat une inexécution suffit à ce que soit ordonné le versement des dommages et intérêts.

À retenir

- Le manquement contractuel correspond à une inexécution, une mauvaise exécution, ou un retard dans l'obligation.
- Le manquement contractuel peut conduire à l'application de différents remèdes : l'exécution forcée, la réduction du prix, l'exception d'inexécution, la résolution et l'octroi de dommages et intérêts.

Pour aller plus loin

- A. Aynès, « Les remèdes unilatéraux (résolution unilatérale, réduction de prix) », in *Réforme du droit des contrats et pratique des affaires*, dir. Ph. Stoffel-Munck, Dalloz, 2015, p. 113
- W. Dross, « L'exception d'inexécution : essai de généralisation », *RTD Civ.* 2014 p. 1
- J.-L. Fourgoux, « La rupture des contrats d'affaires : résiliation et résolution du contrat », *AJCA* 2016, p. 127
- J.-P. Gridel et Y.-M. Laithier, « Les sanctions civiles de l'inexécution du contrat imputable au débiteur : état des lieux », *JCP G* 2008, n° 21, I, 143
- P. Grosser, « L'exécution forcée en nature », *AJCA* 2016, p. 119
- E. Garaud, « De gré ou de force : l'exécution contractuelle en nature Droit positif et projets de réforme », *RLDC* 2010/70, n° 3761
- R. Desgorces, « La combinaison des remèdes en cas d'inexécution du contrat imputable au débiteur », in *Mélanges en l'honneur de Denis Tallon D'ici, d'ailleurs : harmonisation et dynamique du droit*, SLC 1999, p. 243.
- J.-A. Robert, Q. Charluteau, « Utilité et mise en œuvre des clauses résolutoires », *RLDC* 2010/68, n° 3701
- E. Savaux, « Artile 1223 : la réduction du prix », *RDC* 2015/3, p. 786

POUR S'ENTRAÎNER : QUESTION DE COURS

Quelle est l'importance du rôle du juge dans l'application des remèdes à l'inexécution du contrat ?

CORRIGÉ

En pratique, c'est bien souvent l'inexécution du contrat qui amène le juge à se pencher sur le contrat ; celui-ci doit faire respecter la force obligatoire des conventions. À l'égard de nombre de remèdes, son rôle est absolument crucial, alors même que les parties conservent une certaine latitude pour, non se faire justice à elles-mêmes, mais du moins pour régler le sort de la convention inexécutée.

L'intervention du juge est particulièrement importante pour prononcer une exécution forcée, en ce qu'il est maître de l'astreinte ; il est également la personne la plus à même de donner le chiffre des dommages et intérêts si une exécution par équivalent est demandée. En outre, la résolution, essentiellement judiciaire, suppose en principe son concours.

Toutefois, les parties, qui ont fait le contrat, peuvent également être parfaitement indiquées pour en régler le sort. La réduction du prix nécessite un accord entre les parties. Si le contrat a été passé en forme authentique, il permet de recourir directement aux mesures d'exécution forcée. Surtout, l'exception d'inexécution, si elle peut être invoquée en justice, comme une exception justement, est avant tout un moyen de justice privée. Même la résolution peut être imposée par une partie à l'autre, soit en vertu d'une clause résolutoire, soit aux risques d'une partie en cas de comportement grave de l'autre. Cependant, dans ces différents cas, un litige qui naîtrait de l'application d'un remède conduirait les parties devant le juge.

Fiche n° 35
La mesure des dommages et intérêts contractuels

Définitions

Inexécution dolosive ou dol, dans ce contexte : inexécution volontaire du contrat.

Lucrum cessans : le gain manqué ; en d'autres termes, l'enrichissement dont est privé le créancier victime d'inexécution.

Damnum emergens : la perte subie ; c'est-à-dire l'appauvrissement du créancier victime d'inexécution.

L'exécution par équivalent du contrat est un remède qui présente une difficulté particulière, liée à la détermination du ***quantum* des dommages et intérêts.** Pour ce faire, des **règles légales** existent (I), que les parties peuvent, dans une certaine mesure, moduler (II).

I. Les dispositions légales

Les règles déterminant le ***quantum* des dommages et intérêts** n'ont que peu varié depuis l'adoption du Code civil ; le législateur les a recopiées de Pothier.

La première des règles est celle de la réparation du **lucrum cessans** et du **damnum emergens**, selon l'article 1231-2 : « *Les dommages et intérêts dus au créancier sont, en général, de la perte qu'il a faite et du gain dont il a été privé, sauf les exceptions et modifications ci-après* ».

A. Dommages intrinsèques et extrinsèques

Les dommages sont dits **intrinsèques** lorsqu'ils touchent le bien qui a été l'objet de l'obligation mal exécutée : la destruction de la voiture mal réparée, les blessures infligées au créancier de sécurité, etc. Les dommages et intérêts intrinsèques sont **toujours réparables.**

Les dommages **extrinsèques** sont ceux qui affectent le créancier contractuel dans ses **autres biens**: un téléviseur mal réparé a mis le feu à la maison, un retard de train empêche un avocat de plaider... Les dommages et intérêts extrinsèques ne sont réparés que lorsqu'ils étaient **prévus** ou **prévisibles.**

Illustration

Le Chanoine (R.-J. Pothier, *Traité des obligations*, 1768, n° 161)(orthographe respectée)

«Supposons que j'ai vendu à quelqu'un un cheval, que je me suis obligé de lui livrer dans un certain temps, & que je n'ai pu lui livrer; si dans ce temps les chevaux étoient augmentés de prix, et que l'acheteur a été obligé de payer plus qu'il n'avoit acheté le mien [...] est un dommage dont je suis obligé de l'indemnisé. Car c'est un dommage [...] qui n'a rapport qu'à la chose du contrat. Mais si cet acheteur étoit un Chanoine, qui faute d'avoir le cheval que je m'étois engagé à lui livrer [...] n'a pu arriver à temps, au lieu de son bénéfice, pour gagner ses gros fruits; je ne serai pas tenu de la perte [...] car c'est un dommage qui est étranger à ce qui a fait l'objet de mon obligation et qui n'a pas été prévu lors du contrat».

B. Dommages prévus ou prévisibles et dommages imprévisibles

Le contrat est un instrument de **prévision** pour les parties. L'inexécution d'une obligation contractuelle ne doit pas entraîner le débiteur défaillant à devoir plus que ce qui était normalement prévisible pour sa part. L'article 1231-3 du Code civil limite donc la réparation du dommage contractuel – entendre par là celui qui ne découle pas d'une faute lourde ou intentionnelle – aux dommages et intérêts **prévus** (ils sont entrés explicitement dans le champ du contrat), ou **prévisibles** (ils sont entrés implicitement dans les prévisions des parties). L'on considère que les dommages intrinsèques sont prévisibles par nature.

Illustration: Cass. Civ. 1, 28 avril 2011, n° 10-15056

Un couple subit un retard de train qui lui fait rater son avion, et assigne pour cette raison la société de chemin de fer en réparation de divers préjudices, notamment en remboursement du coût de son voyage vers Cuba. La juridiction de proximité accueille sa demande, mais cette décision est cassée par la Cour de cassation, au visa de l'article 1150 [ancien: désormais article 1231-3], en ce qu'il n'a pas été justifié en quoi un tel dommage était prévu, ou prévisible, pour le transporteur ferroviaire.

C. Dommages directs et indirects

En cas de **dol** (c'est-à-dire d'inexécution contractuelle volontaire), ou de **faute lourde**, que l'on assimile au dol, les dommages et intérêts ne trouvent plus leur cause dans le contrat (on ne peut contracter en acceptant l'hypothèse d'être ensuite victime d'une inexécution volontaire), mais dans le dol lui-même. Toutes les limitations apportées au *quantum* des dommages et intérêts tombent, et notamment la limite de la prévisibilité. L'on considère, dans un tel cas, seulement la faute, et les règles applicables sont alors très proches de la responsabilité extracontractuelle.

Néanmoins, même dans ce cas, l'indemnisation ne s'étend pas à l'infini : le dommage n'est réparé, selon l'article 1231-4, que lorsqu'il est **une suite immédiate et directe de l'inexécution**, entendre par là lorsqu'existe un **lien de causalité** suffisant entre le fait générateur (ici, l'inexécution contractuelle) et sa conséquence.

Illustration

La vache pestiférée (R.-J. Pothier, *Traité des obligations*, 1768, n° 166-167)

Pothier prend l'exemple d'un marchand vendant une vache atteinte d'une maladie contagieuse, sans en informer l'acheteur : il s'agit d'une faute dolosive. La vache contamine les bœufs de l'acheteur, qui ne peut plus travailler ses terres, n'a plus de revenus, et par conséquent ne paye pas ses créanciers, qui saisissent ses biens et les vendent à vil prix. Pothier estime que tous ces dommages ne peuvent être considérés comme directs. La solution serait peut-être autre aujourd'hui.

II. Les stipulations des parties

Le contrat étant acte de **prévision**, il est possible que les parties envisagent les conséquences d'une inexécution contractuelle, et qu'elles limitent à ce propos les **dommages et intérêts.** L'on parle alors en général de **clauses sur la responsabilité ou la réparation** ; ces clauses peuvent avoir pour effet de **supprimer** ou de **limiter** les dommages et intérêts à verser en cas d'inexécution. Ces clauses sont encadrées.

Attention

Le projet de réforme du droit de la responsabilité civile présenté par la Chancellerie en mars 2017 est susceptible de modifier quelque peu les règles ci-dessous, et de les intégrer à un titre sur la responsabilité civile.

Il convient de ne pas confondre deux questions distinctes : il s'agit de se demander d'abord si la clause stipulée est **valide**, ensuite si elle est **efficace.**

A. La validité de la clause portant sur les dommages et intérêts

La **validité des stipulations sur les dommages et intérêts** n'est qu'un aspect de la question de la validité des clauses du contrat. Ainsi, il faut que les clauses, pour être valides, ne puissent pas être considérées comme abusives ou contraires à une règle d'ordre public.

Sur cette contrariété à l'ordre public, deux précisions :

- Il est impossible de stipuler sur le **préjudice corporel** (le dommage infligé à une personne dans sa chair) : la matière est d'ordre public.
- Il serait contraire à l'article 1170 du Code civil (qui est d'ordre public) d'admettre qu'une partie pourrait échapper à toute responsabilité tout en ayant promis quelque chose. On ne peut s'engager et se dégager en même temps ! (Voir fiche n° 20). Deux questions doivent donc être posées : la clause concerne-t-elle **l'obligation essentielle** du débiteur ? La prive-t-elle de **sa substance** ? En cas de réponse affirmative à ces deux questions, la clause n'est pas valide.

Attention

À la lumière de l'arrêt Faurecia (Cass. Com. 29 juin 2010, pourvoi n° 09-11841), les clauses exonératoires de responsabilité sont plus suspectes que les clauses simplement limitatives. Elles ne sont toutefois pas inconcevables.

B. L'efficacité de la clause portant sur les dommages et intérêts

La clause limitant ou exonérant des dommages et intérêts peut, tout en étant parfaitement valable, ne pas produire ses effets. Tel est le cas en cas **d'inexécution dolosive** (et l'on assimile, là encore, la faute lourde au dol).

La justification se comprend : une partie ne peut volontairement refuser d'exécuter le contrat, et en même temps chercher à se prévaloir d'une limitation de responsabilité. D'ailleurs, la partie qui accepte une stipulation limitant fortement ou supprimant les dommages et intérêts que l'autre pourrait lui devoir, n'a pas prévu et admis l'inexécution intentionnelle de son cocontractant. Une régularité se dessine : le **dol** (et la faute lourde à laquelle on l'assimile) font obstacle à toute limitation (conventionnelle ou légale) des dommages et intérêts.

Comment apprécier la faute lourde, que l'on assimile au dol ? Un temps, la jurisprudence a déduit la gravité de la faute de l'absence d'exécution de **l'obligation essentielle.** Il s'agissait d'une confusion des conditions de la **validité** et de **l'efficacité** de la clause. Désormais, elle semble fixée par l'arrêt Faurecia : « *la faute lourde ne peut résulter du seul manquement à une obligation contractuelle, fût-elle essentielle, mais doit se déduire de la gravité du comportement du débiteur* ». La faute lourde est celle qui est particulièrement grave ou grossière.

À retenir

- Les dommages et intérêts sont limités, par la loi à ceux qui sont prévisibles, et éventuellement par les stipulations des parties.
- En cas de faute lourde ou d'inexécution dolosive, ces limites tombent, et le débiteur doit réparer tout le dommage direct, mais seulement le dommage direct.

Pour aller plus loin

- O. Bustin, « Les présomptions de prévisibilité du dommage contractuel », *D.* 2012, p. 239
- N. Kilgus, « Retard de la SNCF et prévisibilité du dommage : un attendu peut en cacher un autre », *RLDC* 2013/103, p. 75
- M. Mekki, « Il était une fin... la faute lourde objective », *Gaz. Pal.* 8 décembre 2010, p. 16
- Ph. Stoeffel-Munck, « Faurecia 3 : la Cour de cassation restaure l'efficacité des clauses limitatives de réparation dans les contrats de services informatiques », *JCP E* 16 septembre 2010, p. 25

POUR S'ENTRAÎNER : CAS PRATIQUE

Une société de création de site internet, dont le nom sera masqué, propose les « conditions générales d'utilisation » dont voici un extrait :

« 11. Limitations de responsabilité

ABC est uniquement responsable des dommages directs résultant des fautes causées par elle-même. La responsabilité de ABC ne saurait en aucun cas être engagée pour tout dommage indirect tel que toute perte de revenus, de données, de clientèle, tout préjudice financier ou commercial, tout trouble commercial, tout manque à gagner ou tout préjudice immatériel même lorsque ABC a eu connaissance de la possibilité que de tels dommages indirects se produisent ».

Qu'en pensez-vous ?

CORRIGÉ

La clause s'intitule « limitations de responsabilité », et propose de limiter les dommages et intérêts à la réparation du dommage direct. Or, selon l'article 1231-3, la mesure « normale » des dommages et intérêts contractuels ne comprend que ceux qui étaient prévus ou prévisibles lors de la conclusion du contrat. Même dans le cas où l'inexécution proviendrait du dol du débiteur, seul le dommage direct est réparé, selon les dispositions de l'article 1231-4 du Code civil. Une telle limitation est donc parfaitement inutile et illusoire. Surtout, elle pourrait être contre-productive, en proposant au créancier déçu, par hypothèse en cas de manquement non dolosif ou assimilable, une réparation non limitée aux dommages prévisibles !

Fiche n° 36
Les inexécutions excusées

Définitions

Cas fortuit : événement dont on ne peut imputer la survenance à une personne, tel qu'un fait de la nature.

Force majeure : ensemble de critères (imprévisibilité, irrésistibilité, extériorité) pouvant s'appliquer au cas fortuit, au fait d'un tiers ou à celui du créancier, leur donnant une vertu exonératoire.

Fait du Prince : décision d'une autorité souveraine.

L'inexécution n'a **pas de contenu moral** : cela signifie que le débiteur ne peut s'exonérer en faisant état de sa bonne volonté, ou de l'absence de caractère intentionnel de l'inexécution. Singulièrement, lorsque l'obligation est de **résultat**, et que le résultat n'est pas atteint, prouver qu'il a tout mis en œuvre pour atteindre ce résultat ne lui est d'aucune utilité.

Néanmoins, il se peut que l'inexécution soit considérée comme « **excusée** », ce qui signifie qu'elle ne développera pas ses conséquences dans toute leur rigueur. En d'autres termes, le **choix des remèdes offerts** au créancier insatisfait peut être réduit ou supprimé, dans un certain nombre de circonstances objectives.

L'inexécution est excusée lorsqu'un événement a complètement empêché l'exécution, c'est-à-dire que le créancier s'est trouvé confronté à un cas de **force majeure** (I), ou lorsque le débiteur de l'obligation a joué un rôle dans **l'inexécution de l'obligation** (II).

I. La force majeure

L'article 1218 du Code civil dispose qu'« *il y a force majeure en matière contractuelle lorsqu'un événement échappant au contrôle du débiteur, qui ne pouvait être raisonnablement prévu lors de la conclusion du contrat et dont les effets ne peuvent être évités par des mesures appropriées, empêche l'exécution de son obligation par le débiteur* ».

Attention

Le seul remède impacté par la survenance d'un événement de force majeure est l'allocation de dommages et intérêts (ainsi que l'exécution forcée en nature, mais non en raison de la force majeure, mais parce qu'elle est impossible). La force majeure ne fait donc pas obstacle à l'utilisation des autres remèdes (exception d'inexécution, réduction du prix, résolution).

Notamment, il est possible, en cas de force majeure, d'obtenir des restitutions, en invoquant la **résolution** du contrat. L'article 1218 in fine prévoit d'ailleurs la résolution de plein droit en cas de force majeure générant un **empêchement définitif.**

Illustration : Cass. Civ. 1, 8 mars 2012, n° 10-25913

La fermeture de l'espace aérien consécutif à une éruption volcanique – dont les caractères de force majeure ne sont pas contestés – empêche un prestataire de voyage d'assurer le vol retour d'un vacancier. Celui-ci se procure par lui-même des prestations de remplacement (embarquement sur un autre vol, puis location de véhicule). Il obtient la condamnation de l'agence de voyage au remboursement de ces frais. Un pourvoi est formé, mais est rejeté, la Cour de cassation soulignant que la force majeure, si elle est exclusive du droit à dommages et intérêts, ne dispense pas le débiteur de prendre en charge les prestations de remplacement.

La force majeure ne doit pas être confondue avec l'**imprévision (ou le changement de circonstances)** (voir fiche n° 31). Il ne suffit pas qu'elle rende l'exécution plus onéreuse : il faut qu'elle la rende **impossible.**

Plus précisément, la force majeure est un ensemble de critères, qui peut se porter sur : **le fait d'un tiers**, un **événement naturel**, le **fait du créancier** et le **fait du Prince.** Ces trois critères sont **l'imprévisibilité** (« qui ne pouvait être raisonnablement prévu lors de la conclusion du contrat »), **l'irrésistibilité** (« dont les effets ne peuvent être évités par des mesures appropriées »), et **l'extériorité** par rapport au débiteur (« échappant au contrôle du débiteur »). Le caractère imprévisible s'apprécie lors de la **conclusion du contrat**, le caractère irrésistible lors de la **survenance de l'événement** que l'on cherche à qualifier de force majeure. L'extériorité manifeste **l'altérité** de l'événement considéré par rapport au débiteur.

Attention

Tout ce qui se trouve dans la sphère d'autorité du débiteur (les choses dont il a la garde, les personnes dont il doit répondre, comme ses enfants, ses préposés, etc.) ne satisfait jamais la condition d'extériorité ; l'inexécution n'est donc jamais excusée lorsqu'elle est causée par une chose ou une personne sur laquelle le débiteur avait autorité (cas de la faute d'un subordonné ou de la défaillance du matériel employé notamment).

Illustration : Cass. Civ. 1, 23 juin 2011, n° 10-15811

Le passager d'un train a été poignardé pendant le transport. La question se pose de savoir si, pour la SNCF, débitrice d'une obligation de sécurité de résultat, l'agression avait les caractères de la force majeure (et donc, notamment l'irrésistibilité et l'imprévisibilité). La Cour de cassation approuve les juges du fond de retenir ces caractères, dès lors que « l'agresseur s'était soudainement approché de la victime et l'avait poignardée sans avoir fait précéder son geste de la moindre parole ou de la manifestation d'une agitation anormale [...] un tel geste, en raison de son caractère irrationnel, n'eût pu être empêché ni par un contrôle à bord du train des titres de transport, faute pour les contrôleurs d'être investis du pouvoir d'exclure du train un voyageur dépourvu de titre de transport, ni par la présence permanente d'un contrôleur dans la voiture, non plus que par une quelconque autre mesure à bord du train ».

L'excuse de force majeure est **temporaire** si l'événement est temporaire, **permanente** dans le cas contraire (Article 1218, al. 2).

II. Le comportement du créancier

Le **comportement du créancier** qui empêcherait l'exécution de son obligation par le débiteur doit être pris en compte : ainsi en est-il lorsqu'un acheteur qui devait retirer la chose ne le fait pas, ou qu'une personne refuse le payement qui lui est offert. Le débiteur a alors intérêt à ménager des **preuves** de ses velléités d'exécution, et au besoin d'opter pour la **mise en demeure du créancier** (articles 1345 et suivants du Code civil).

Plus fréquemment, par analogie avec la responsabilité extracontractuelle, le comportement du créancier (souvent rebaptisé **victime** pour l'occasion) est mis en avant à propos de **l'obligation de sécurité**. La règle est que la victime qui a **fautivement** (le terme est important) contribué à l'inexécution de l'obligation dont elle était créancière doit supporter une **réduction des dommages et intérêts** qui lui sont versés. L'importance de la réduction se mesure en fonction de la **gravité de la faute** de la victime. En outre, si elle est à l'origine de l'inexécution, elle peut être privée de tout remède.

La règle de la réduction de l'indemnisation en raison de la faute de la victime souffre une exception en matière **d'obligation de sécurité** due par le **transporteur de personnes** : la Cour de cassation a adopté une position **de « tout ou rien »** : soit le comportement de la victime a les caractères de la **force majeure**, et alors elle ne sera absolument pas indemnisée (ce qui, du point de vue du débiteur, correspond à une exonération totale), soit il n'a pas ces caractères, et alors, les dommages et intérêts seront entièrement dus.

Illustration : Cass. Civ. 1, 13 mars 2008, n° 05-12551

La passagère d'un train descend sur le quai lors d'un arrêt en gare ; lorsque le train repart, elle tente de remonter précipitamment, glisse et chute sous le convoi. Les juges du fond ont réparé le préjudice subi à concurrence de la moitié, eu égard à la faute de la victime. La Cour de cassation casse l'arrêt d'appel : ils auraient dû, soit constater l'existence d'une force majeure, et ne pas octroyer de dommages et intérêts, soit indemniser intégralement la victime.

Attention

L'on ne sait pour l'instant, dans l'attente de précisions jurisprudentielles, si cette règle du « tout ou rien » vaut seulement pour les obligations du transporteur de personnes, ou si elle pourrait également jouer pour n'importe quelle obligation de sécurité de résultat.

À retenir

- Un événement présentant les caractères de la force majeure (imprévisibilité, irrésistibilité, extériorité) exonère le débiteur d'une obligation inexécutée en raison de cet événement de payer des dommages et intérêts.
- Le comportement du créancier, notamment sa faute, est susceptible de réduire ou de supprimer les dommages et intérêts qu'il pourrait obtenir en cas d'inexécution.

Pour aller plus loin

- P.-H. Antonmattei, *Contribution à l'étude de la force majeure*, th. LGDJ, 1998
- H. Boucard, « Article 1218 : la force majeure contractuelle », *RDC* 2015/3, p. 779
- D. Noguéro, « La maladie du débiteur cas de force majeure », *D.* 2006, p. 1566
- C. Radé, « La force majeure », *in* P. Rémy-Corlay et D. Fenouillet (dir.), *Les concepts contractuels français à l'heure des Principes du droit européen des contrats*, Dalloz, 2003, p. 201.
- Ph. Stoffel-Munck, « Le particularisme de la force majeure en matière contractuelle », *RDC* 2003, p. 59
- A. Tunc, « Force majeure et absence de faute en matière contractuelle », *RTD Civ.* 1945, p. 235

POUR S'ENTRAÎNER : QCM

1) Primus loue un appartement à Secundus. Or, une tempête, dont nul ne conteste qu'elle présente les caractères de la force majeure, rend l'appartement temporairement impropre à l'habitation, et gâte quelques meubles de Primus.
   a. Primus doit malgré tout continuer de payer le loyer à Secundus
   b. Primus peut cesser de payer le loyer, mais ne peut demander d'indemnisation pour ses meubles.
   c. Primus peut cesser de payer le loyer, et peut obtenir de Secundus des dommages et intérêts pour ses meubles abîmés.
2) Un bijoutier célèbre met la dernière main à une somptueuse parure de bijoux, qui doit être livrée très prochainement pour le mariage de la cliente. Un jeune stagiaire, qui n'avait absolument pas le droit d'accéder à l'atelier en question, voulant contempler la parure, la laisse tomber. Elle ne pourra être réparée à temps.
   a. Le bijoutier doit des dommages et intérêts.
   b. Le bijoutier ne doit pas de dommages et intérêts, car il peut invoquer le caractère fautif du comportement du stagiaire.
   c. Le bijoutier ne doit pas de dommages et intérêts, car il peut invoquer la force majeure, à propos du comportement du stagiaire.
3) La règle du « tout ou rien » concernant les dommages et intérêts dus par le transporteur de personnes, débiteur d'une obligation de sécurité de résultat signifie que :
   a. si la victime a commis une faute à l'origine de l'accident, sans que cette faute ait les caractères de la force majeure, elle sera néanmoins entièrement indemnisée.
   b. si la victime a commis une faute à l'origine de l'accident, qui a les caractères de la force majeure, elle ne sera pas du tout indemnisée.

CORRIGÉ

1) b. ; 2) a (la faute du stagiaire n'a pas le caractère d'extériorité) ; 3) a et b.

Cinquième partie

La fin du lien contractuel

Fiche n° 37

Les causes de disparition du lien contractuel

I. L'écoulement du temps
II. La volonté des parties
III. La disparition d'un élément essentiel

Définition

Mutuus dissensus : expression signifiant littéralement « désaccord mutuel », mais qui en réalité vise l'accord des parties pour cesser les relations contractuelles.

Payement : exécution d'une obligation (le droit ne limite pas ce terme aux obligations de somme d'argent).

La fin du lien contractuel a déjà été envisagée à plusieurs reprises, ne serait-ce qu'à propos de la **résolution en cas d'inexécution** (cf. fiche n° 34). Toutefois, il ne semble pas inutile de rappeler que si le contrat naît et vit, il meurt également, et que cette fin du lien contractuel est soumise à des règles juridiques. Cet exposé ne doit pas répéter ce qui a déjà pu être traité, et consistera en de nombreux renvois.

Comme « les gens heureux n'ont pas d'histoire », le droit ne s'occupe que très peu de l'exécution « non pathologique » du contrat. En principe, lorsque toutes les obligations du contrat ont été **exécutées** ou se sont **éteintes** pour une autre cause, la relation contractuelle prend fin. Quant à connaître les manières par lesquelles les obligations prennent fin, il s'agit d'un point du régime général de l'obligation (voir notamment sur ce point les articles 1342 et suivants du Code civil).

Attention

Par hypothèse, est envisagé ici le contrat qui a été valablement formé, et qui vient à disparaître ; non celui qui a été atteint d'une cause d'invalidité, et qui est donc censé ne jamais avoir existé.

Outre sa fin normale procurée par le **payement**, c'est-à-dire la **pleine exécution**, ou la **résolution pour inexécution**, le lien contractuel peut expirer en raison de **l'écoulement du temps** (I) de la **volonté des parties** (II) ou **de la disparition d'un élément essentiel** (III).

I. L'écoulement du temps

Il a déjà été vu (fiche n° 26), que chaque partie à un contrat à durée indéterminée est susceptible d'y mettre fin. *A contrario*, et selon les dispositions de l'article 1212, « Lorsque le contrat est conclu pour une durée déterminée, chaque partie doit l'exécuter jusqu'à son terme » (il s'agit également, tout simplement, d'une conséquence de la force obligatoire attachée au contrat). Dans un tel contrat, sans aucune manifestation de volonté, l'arrivée du **terme** met fin au contrat.

Les parties peuvent obvier à cet effet destructeur de l'écoulement du temps. L'article 1213 prévoit ainsi une faculté de **prorogation** du contrat, quand l'article 1214 envisage le **renouvellement** du contrat.

Attention

Il ne faut pas confondre prorogation et renouvellement. La prorogation est simplement le fait de repousser un terme qui n'est pas encore atteint : le contrat est toujours à durée déterminée. Le renouvellement est la création d'un nouveau contrat en tous points identique au précédent, mais à durée indéterminée.

La volonté de renouveler un contrat peut s'exprimer par la poursuite de l'exécution des obligations issues d'un contrat après son terme. L'on parle alors de **tacite reconduction**, et l'article 1215 du Code civil lui attribue les mêmes effets qu'un renouvellement. Par conséquent, un contrat tacitement reconduit devient un contrat à **durée indéterminée**, offrant une **faculté de résiliation** à chaque partie.

II. La volonté des parties

A. La volonté de toutes les parties

La **volonté concordante** peut défaire ce qu'elle a fait : il s'agit ici du *mutuus dissensus*, déjà évoqué (cf. fiche n° 26). L'absence d'accord de l'une seule des parties pour mettre fin au contrat, le laisse perdurer.

Les parties ont également pu s'entendre sur le **terme** de leur accord contractuel, que ce soit d'une date, l'écoulement d'un délai ou la survenance d'un certain événement. L'arrivée du terme met fin au contrat.

B. La volonté d'une seule des parties

Il arrive qu'une partie puisse, par sa seule **volonté**, et donc éventuellement contre la volonté des autres, mettre fin au lien contractuel. Le fait que le contrat à durée indéterminée puisse prendre fin par la volonté d'une seule partie, car l'on ne peut s'engager qu'à temps, a déjà été évoqué (fiche n° 5).

La loi prévoit également d'autres cas dans lesquels une seule partie peut mettre fin au contrat : ainsi, le **dépôt** cesse par la seule volonté du déposant, qui reprend la chose donnée en dépôt. La raison en est que le dépôt est conçu comme étant dans le seul intérêt du déposant, contrairement au prêt à usage par exemple.

Les articles 2003 et 2004 permettent la fin anticipée du **mandat**, à l'initiative tant du mandataire que du mandant. L'explication couramment donnée est que le mandat suppose une confiance réciproque, et doit s'effacer si cette confiance disparaît.

La faculté de **résiliation unilatérale** est également reconnue (moyennant indemnisation) au maître de l'ouvrage, dans un marché à forfait (art. 1794 du Code civil), ou encore au locataire du bail d'habitation.

Attention

L'existence d'une faculté de résiliation n'exonère pas la partie mettant fin au contrat du respect de diverses obligations, suivant les contrats, notamment le respect d'une durée de préavis. En tout état de cause, une telle faculté doit être exercée de bonne foi.

En dehors des cas légaux permettant la résiliation unilatérale, il se peut que les parties aient conventionnellement prévu des cas ouvrant à l'une d'elles la **faculté de résiliation**. Cela pourra être le cas par exemple en cas de non-paiement de prestations périodiques, de défaut de remboursement de crédit (technique de déchéance du terme), de perte d'emploi dans un contrat de capitalisation...

III. La disparition d'un élément essentiel

Il a déjà été vu que, dans un certain nombre de cas, **l'inexécution de ses obligations** par une partie permettait de mettre fin au contrat (cf. fiche n° 34). Dans d'autres cas, c'est un fait extérieur aux parties qui rend impossible la poursuite des relations contractuelles. L'on évoque alors, en principe, la **caducité du contrat**.

Son régime est désormais codifié (à une place surprenante, pour ne pas dire erronée) aux articles 1186 et 1187 du Code civil.

Contrairement à la **nullité**, la caducité ne concerne pas les contrats qui seraient atteints d'un vice ou d'une irrégularité dès l'origine. Elle concerne des contrats

valablement formés, qui ne peuvent ou ne doivent plus être exécutés en raison de la disparition de l'un des éléments essentiels du contrat.

Ainsi en est-il du **décès** du contractant lorsque sa prestation était liée à une considération ***d'intuitu personæ.*** La règle vaut pour tous les contrats de ce type, mais est spécifiquement prévue par le Code pour le **mandat** (art. 2003) et pour le **contrat d'entreprise** (1795). En dehors des contrats fondés sur *l'intuitu personæ*, si l'une des parties décède, le contrat n'est ni caduc ni résolu, mais les obligations passent, **tant activement que passivement**, aux héritiers.

Au décès de la personne physique, l'on doit assimiler la **dissolution** d'une personne morale.

Illustration : Cass. com., 7 juin 2006, n° 05-11384

Une EURL (une société ne comptant qu'un seul associé) a conclu un contrat d'agent commercial, contenant une non-transmissibilité du contrat, qui est considéré comme intégrant un *intuitus personæ*. Cette société a été dissoute, et, comme cela est la règle dans ce genre de cas, son patrimoine se fond dans celui de l'associé unique. Cet associé unique recueille donc toutes les créances et les dettes de la société. Néanmoins, la Cour de cassation relève que « sauf accord du cocontractant, un contrat conclu en considération de la personne d'une telle société prend fin au plus tard par l'effet de la dissolution de celle-ci ».

Il se peut également que, hors du cas de son décès, un contractant soit dans **l'impossibilité juridique** de se maintenir au contrat : ainsi de l'avocat, du médecin ou de l'architecte qui auraient été condamnés à l'interdiction de l'exercice de leur art. En revanche, l'impossibilité physique, matérielle, ne semble pas entraîner la caducité : aux parties de régler le sort de leur contrat, en utilisant au besoin les remèdes à l'inexécution.

Il est également envisageable que l'impossibilité d'exécuter soit constituée en raison d'un événement concernant non la personne du contractant, mais **l'objet du contrat**. Ainsi en est-il en cas de disparition de l'objet du contrat, que ce soit la chose vendue ou le bien donné à bail... À la disparition matérielle s'ajoute également la « disparition juridique » produisant des effets semblables : chose déclarée hors commerce, ou frappée de monopole d'État.

L'article 1187 dispose que « La caducité met fin au contrat. Elle peut donner lieu à restitution dans les conditions prévues aux articles 1352 à 1352-9 ». La caducité, contrairement à la nullité, n'a pas de raison d'être rétroactive, ou, du moins, de remonter à un temps antérieur à la disparition de l'élément qui fonde cette caducité. Dès lors, nonobstant la lettre de l'article 1187, ce n'est que dans certaines hypothèses particulières que les **restitutions** s'apparenteront à celles consécutives à une nullité. Dans la plupart des cas, il s'agira simplement d'effectuer, s'il y a lieu, les restitutions typiques de la fin d'un lien contractuel (lorsque des objets, pour l'exécution du contrat, ont changé de main, ainsi du bien objet d'un contrat de bail).

En cas de **force majeure**, le contrat ne prend pas fin pour cette seule raison : toutes les obligations qui ne sont pas affectées par l'événement ayant les caractères de la force majeure (par exemple, les obligations de confidentialité, de sécurité...) doivent être scrupuleusement exécutées.

À retenir

- Un contrat à durée déterminée prend fin par l'écoulement du temps, s'il n'est pas prorogé, renouvelé, ou tacitement reconduit.
- Outre les hypothèses étudiées par ailleurs, le contrat prend fin soit par la volonté des parties, soit en raison de la disparition de l'un de ses éléments essentiels.
- En particulier, le décès de l'une des parties ne met fin qu'aux seuls contrats conclus *intuitu personæ*.

Pour aller plus loin

- I. Pétel, *Les durées d'efficacité du contrat*, th. Montpellier, 1984
- J-B. Seube, « L'article 1186 : la caducité », *RDC* 2015/3, p. 769
- R. Vatinet, « Le *mutuus dissensus* », *RTD Civ.* 1987, p. 252

POUR S'ENTRAÎNER : CAS PRATIQUE

Brice est un surfeur lié par un contrat de « sponsoring » avec la marque de vêtements de sports Oaxou : pendant trois ans, Brice fait la promotion de la marque, en échange d'une rémunération versée mensuellement. À l'issue des trois ans, les sommes continuent à être versées, et Brice continue à promouvoir la marque pendant quelques mois, puis (et peut-être les piètres performances de Brice sont-elles liées à cela), Oaxou informe Brice qu'elle cessera toute relation avec lui dans trois mois. Qu'en pensez-vous ?

CORRIGÉ

Le contrat entre Brice et Oaxou est à l'origine un contrat à durée déterminée. À la fin du contrat, chaque partie a continué d'exécuter ses obligations : l'une paye toujours, et l'autre promeut la marque. Aucun doute n'existe donc sur leur volonté à chacune, à ce moment-là, de prolonger le lien contractuel, c'est-à-dire d'opérer une tacite reconduction. Cette tacite reconduction a les effets d'un renouvellement (Article 1215).

Or, le renouvellement d'un contrat donne naissance à un nouveau contrat dont le contenu est identique au précédent mais dont la durée est indéterminée (Article 1214).

Les protagonistes sont donc désormais liés par un contrat à durée indéterminée. Or, en raison de la prohibition des engagements perpétuels (Article 1210 du Code civil), un contrat à durée indéterminée peut être résilié à tout moment par l'une des parties, sous réserve de respecter un délai de préavis. Celui-ci peut avoir été prévu dans le contrat (ce qui ne semble pas le cas en l'espèce), ou être « raisonnable ». La discussion peut s'enclencher sur le caractère raisonnable du délai : d'un côté, l'on peut estimer que trois mois est un délai souvent usité en pratique, et qu'il représente 1/12e du contrat initial, ce qui est appréciable ; mais d'un autre côté, et cette considération devrait emporter la conviction, qu'eu égard à la nature de contrat, le préavis doit couvrir une saison sportive.

Fiche n° 38
Les conséquences de la fin du lien contractuel

Définitions

Tacite reconduction : principe selon lequel, dans certains contrats, le silence gardé par les parties au terme du contrat vaut renouvellement de ce contrat.

La fin du lien contractuel se distingue de la situation dans laquelle le contrat est annulé en ce que, ici, il n'est pas question de faire comme si le contrat n'avait pas existé. Bien au contraire, les parties, en droit comme en fait, ne peuvent ignorer la période pendant laquelle elles étaient unies par un contrat.

D'une manière un peu schématique, l'on peut énoncer que la fin du lien contractuel donne lieu à **deux mouvements contradictoires** : le premier tend à assurer sa pleine disparition, il s'agit de la **liquidation du lien contractuel** (I) ; le second permet la **survie** de tout ou partie du contrat (II).

I. La liquidation du lien contractuel

Au jour de la fin du lien contractuel, les parties redeviennent des tiers l'une par rapport à l'autre, mais là n'est pas la fin de leurs relations issues du contrat.

En premier lieu, des **restitutions** sont en effet fréquemment nécessaires, en raison de la loi ou des stipulations contractuelles : restitution d'un dépôt de garantie (cas du bail), d'un stock (cas des contrats de distribution), de documents (mandat), etc. Ces restitutions sont prévues par les articles 1352 et suivants du Code civil. Ces textes ont été étudiés à propos des nullités (voir fiche n° 24) : en effet, si la cause de la restitution diffère d'un cas à l'autre, le mécanisme n'est pas réellement différent.

Il est également possible que les parties demandent, *a posteriori*, **l'exécution d'obligations contractuelles.** Ainsi en sera-t-il quand à la fin du bail, le propriétaire découvre que les réparations locatives n'ont pas été effectuées ; après la vente, lorsque l'acheteur se convainc d'un vice caché ou est sujet à une éviction (il demande alors dans un cas comme dans l'autre la garantie du vendeur), lorsque le client se rend compte que la prestation fournie n'était pas conforme aux stipulations contractuelles... dans de tels cas, tout en voulant liquider le régime contractuel, l'on provoque chez lui un sursaut de vie...

Attention

En cas d'inexécution des obligations contractuelles, lorsqu'une demande est faite par le créancier insatisfait alors que le contrat a formellement pris fin, l'on applique bien les règles contractuelles, et non la responsabilité civile extracontractuelle, car l'obligation est née dans le cadre du contrat.

II. La survie du régime contractuel

Certains contrats spéciaux (bail commercial, bail à usage d'habitation, ...) prévoient un droit au renouvellement : la **volonté d'une seule partie** permet alors que survive le contrat.

Il se peut que ce ne soit pas le contrat en entier qui survive, mais certaines clauses seulement ; elles sont parfois qualifiées **d'autonomes.** Ainsi en est-il (et elle survit nécessairement), de la **clause de non-concurrence.** Cette clause, insérée notamment dans les contrats de travail, prévoit qu'à l'issue du contrat, le salarié ne peut exercer une activité similaire à celle qu'il avait chez son employeur pour un temps et un rayon géographique déterminés. Par nature, cette clause a vocation à jouer après la fin du lien contractuel.

De même, sont considérées comme autonomes la **promesse de porte-fort** insérée dans un autre contrat ou encore, les **clauses de confidentialité ou de secret.** Les **clauses compromissoires**, c'est-à-dire celles qui prévoient que soient soumis à l'arbitrage d'éventuels litiges entre les parties, survivent également à la fin du contrat.

Il se peut encore que le contrat survive quelque peu à l'égard des tiers qui, de bonne foi, ont cru que le contrat perdurait.

Illustration : article 2005 du Code civil

« La révocation notifiée au seul mandataire ne peut être opposée aux tiers qui ont traité dans l'ignorance de cette révocation, sauf au mandant son recours contre le mandataire ».

À retenir

- La fin du contrat oblige les parties à liquider le régime contractuel: des restitutions sont souvent à prévoir.
- Certaines obligations, dites autonomes, survivent à la fin du lien contractuel.

Pour aller plus loin

- H. Claret, « La loi n° 2005-67 du 28 janvier 2005 tendant à conforter la confiance et la protection du consommateur », *JCP* 2005, I, 140
- C. Le Stanc, « Existe-t-il une responsabilité postcontractuelle ? », *JCP E* 1978, I, 12735

POUR S'ENTRAÎNER : QUESTION DE COURS

La responsabilité est-elle toujours extracontractuelle après la fin du lien contractuel ?

CORRIGÉ

À la fin du contrat, les parties redeviennent des tiers. La responsabilité qui pourrait naître entre elles semble donc par nature devoir être extracontractuelle.

Toutefois, un certain nombre d'obligations ou de clauses survivent à la dissolution du lien contractuel, comme les clauses de confidentialité ou de secret. D'autres, comme les clauses de non-concurrence, ne s'activent que lors de l'extinction du contrat.

La violation de telles clauses, qui cause un préjudice à l'autre partie, apparaît donc, nonobstant la fin du lien contractuel, comme une source de remèdes de nature contractuels. Notamment, des dommages et intérêts qui seraient prononcés pour cette raison auraient une nature contractuelle.

Abréviations

Remarques :

- afin de retrouver le texte intégral des arrêts, le numéro de pourvoi des arrêts est indiqué sous le format utilisé par la base www.legifrance.gouv.fr (c'est-à-dire, du type 00-00000) ; de nombreuses autres bases demandent d'ajouter un point après le quatrième chiffre (c'est-à-dire, du type 00-00.000).
- lorsque le Code n'est pas précisé, comprendre qu'il est fait référence au Code civil.

§	Paragraphe
AJCA	Actualités Juridiques Contrats d'Affaires
APD	Archives de philosophie du droit
Art.	Article
Bull.	Bulletin des arrêts de la Cour de cassation
CASF:	Code de l'action sociale et des familles
Cass. (civ. 2, com., crim.)	Cour de cassation (deuxième chambre civile, chambre commerciale, chambre criminelle)
CCC	Contrats, Concurrence, Consommation
CEDH	Cour européenne des Droits de l'Homme
Cf.	*Confer* (voir)
Chr.	Chronique
D.	Recueil Dalloz
dir.	Sous la direction de
Gaz. Pal.	La Gazette du Palais
JCP (G ; C & I ; E)	La semaine juridique (édition générale ; édition commerce et industrie ; édition entreprises)
LPA	Les Petites Affiches
n°	numéro
p.	page
RCA	Responsabilité Civile et Assurances
RDC	Revue Des Contrats
Rev. crit. législ. et jurispr.	Revue critique de législation et de jurisprudence
RIDC	Revue Internationale de Droit Comparé
RLDC	Revue Lamy Droit Civil
RRJ	Revue de la Recherche Juridique
RSC	Revue de Science Criminelle
RJT	Revue Juridique Thémis
Suppl.	Supplément
t.	tome
th.	Thèse

Index

Les numéros renvoient aux numéros des fiches.

A

B

C

R

S

T

U

V

Imprimé en Italie par «La Tipografica Varese Srl» Varese